覚えるだけで「できる人」に見える英語フレーズ集

品格のある英語は

POWERFUL & POLITE ENGLISH FOR THE WORKPLACE

武器になる

マヤ・バーダマン Maya Vardaman

宝島社

はじめに

　自分の英語力を「もっと上達させたい」と願っていらっしゃる方は、大きくふたつのタイプにわけられると思っています。

　まずひとつ目のタイプ、Aさんは「ビジネスで英語を使いたいけれど、自信がない」と感じていらっしゃる方。

　そしてふたつ目のタイプのBさんは「学生時代に留学経験もあるので英語にはある程度自信があるけれど、いまよりワンランク上の英語を話せるようになりたい」と思っていらっしゃる方。

　さてあなたはどちらのタイプでしょうか？

　AさんとBさん、どちらのタイプの方にも向けた、特に「仕事のなかで役立つ英語本があれば便利だな」と感じたのが本書を書かせていただくことになったきっかけです。

　本題に入る前に、まず自己紹介をさせてください。

　私は日本で生まれましたが、父親がアメリカ人なので子どものころから英語を聞く環境に育ちました。高校まではアメリカンスクールで学び、上智大学在学中にハワイ大学に留学したため、英語でのコミュニケーションに問題はないと思っていました。ところが、ハワイから戻って短期間秘書の仕事をした後、外資系企業のゴールドマン・サックスで働きはじめると、周りで活躍する人たちの英語が、私がこれまで使っていたものと少し違うなと感じたのです。

　オフィスで颯爽と仕事をする人たちは「簡潔」で「丁寧」なビ

ジネス英語を自在に使って、周囲との良好な関係を築いています。彼らの姿を眩しく眺めながら、ここで仕事を続けるなら「優れた、品のある、大人のビジネス・イングリッシュ」をマスターしなくてはならないとすぐに気づいたのです。

そこで、当時私が参考にしたのは「生きた英語」が聞ける自分の環境でした。日々、耳に入ってくる「かっこいい言い回し」やメールで見たプロフェッショナルな英語を自分のメールの下書きにコピー・アンド・ペーストして、自分のテンプレート集/教材としたのです。そのようにして毎日のメールや会話での伝え方を変えていくうちに、私の社内でのコミュニケーションもよりスムーズになっていきました。

本書では、私が外資系企業で働きはじめたころを思い出しながら、知っていたら便利だったと思う「礼儀正しく品格のあるビジネス英語」の使い方をお伝えします。

さて、つねづね私は「英語にはある程度自信がある」と思っていらっしゃるBさんタイプの方には、いくつかの誤解があるという気がしていました。それはたとえば、

・　英語圏の人はフランクだから直接的に伝えるほうがいい
・　中学校で習った英語で十分通用する
・　ジョークを交えて話すほうが受けがいい
・　英語には敬語がない

といったものです。

そんな思い込みが、仕事の場ではときとして災いの原因となることがあります。仕事では依頼事もありますし、また人間同士が信頼関係を築くという側面でも「要は意味が伝われ

ばいいんだ」という考えは禁物です。そして、それらの誤解に加えて、日本人が陥りやすいのが「直訳」の癖です。

頭に浮かんだ日本語をただ直訳していると「失礼」、「幼稚」、「意味不明」に聞こえるということがあります。

もしあなたが海外のビジネスパーソンと対等な関係でお仕事をされたいなら、ぜひ本書に書かれたビジネス英語の「礼儀正しく品格のある」話し方、メールの書き方をヒントに、ご自身の英語を brush up ―「磨く」ことをおすすめします。

次に、英語にはまだ自信のないAさんタイプの方への、私なりのアドバイスです。あなたは英語を話すとき、言葉遣いや文法を間違えたり誤解されるのを恐れて、少し臆病になっていらっしゃいませんか?

失敗を恐れるあまり、頭の中で間違いのない英文を作文してから話そうとし、発言の機会を逃したり、周囲から「あまり話をしない消極的な人」と思われてはいませんか?

でも、よく考えてみてください。実際あなたがふだん話される日本語の会話を録音して聞いてみると、きっと毎回完璧な文法通りには話していないことに気づかれるはずです。母語でもそうなのですから、英語でも多少の間違いは気にする必要はありません。「仮定法」や「過去完了進行形」などが気になるあまり、それを完璧に話そうとして頭の中が混乱してしまっては、伝えようとするメッセージも薄れてしまい、もったいないことです。

グローバル時代のいまは、さまざまな文化や言語をもつ人びとが共に仕事をします。互いに英語が母語ではないなか

で、「完璧な」「ネイティブの」英語を目指すよりも「きちんと要点が伝わるようにコミュニケーションをとる」ほうが大事です。そして英語の文法よりももっと大切なのが、あなたが伝えようとしている内容や、会話の中身です。

　私も昔上司に繰り返し言われたことがありました。
"Have a view"「意見をもちなさい」

　自分なりに考え、意見をもち、発信すること。それが英語でのコミュニケーションでは何よりも大切なことだと思います。

　AさんタイプもBさんタイプの方も、あなたがこの本を手に取ってくださったということは、「英語にも丁寧な表現があること」をすでに理解していらっしゃるか、または関心をおもちだということ。それだけでも "one step ahead"「前に進んでいる」証拠です。

　本書を参考にされながら、ご自身のお仕事や生活のなかで必要な英語を、目的を絞って学習してください。丁寧な表現に気を配り、品格のある大人の英語を身につける練習ができたら、あなたのお仕事や人間関係にも、目に見えてよい影響が出てくるはずです。

　そして、本書をヒントに品格ある英語を身につけたあなたが、それを武器に、さまざまな場面で活躍されることを、心から願っています。

マヤ・バーダマン

目 次

はじめに ··· 02

Chapter 1 ビジネス英語に
品格をプラスする [ワンランク上のビジネス英語] ···· 13

「〜したい」の大人の表現 ··· 16

反対意見の上手な伝え方 ··· 18

敬意を払った「頼み事」の仕方 ···································· 20

English Column：自分の意見に自信をもって発言する ········· 23

相手の言葉を聞き返す方法 ··· 24

「本当ですか？」のビジネス的表現 ································· 26

心遣いが伝わる予定の尋ね方 ····································· 28

「申し訳なさ」を伝える方法 ··· 30

丁寧な「お願い事」の仕方 ··· 32

スマートな「お断り」の仕方 ··· 34

相手を気遣う「催促」の仕方 ··· 36

仕事を円滑に進めるリマインド方法 ································· 38

間違いをやんわりと指摘する方法 ································· 40

Business Manners Column:
外資系企業で働く人たちがもつ8つの素質 ……………………… 42

Business Manners Column:
プレゼンテーションはボディランゲージで ……………………… 44

English Column：相手の意見に同意できないとき ……………………… 45

English Column：英語では通じないカタカナ語 ……………………… 46

Chapter2 人間関係を
良好にする英語 [そのまま真似したい丁寧な英語] ……… 49

品がある挨拶の仕方 ……………………………………………… 54

真心を伝える依頼フレーズ ……………………………………… 58

一緒に働きたいと思われるお願いの仕方 ……………………… 62

「～してほしい」の大人な表現方法 …………………………… 66

English Column：高校生の会話のような言葉遣い …………………… 70

目 次

Chapter 3 信頼が得られる
丁寧な英語 [信頼される人の英語表現] ……… 73

上司からの頼み事を断る場合 ……… 80

印象に残す自分の意見の言い方 ……… 82

「無理です」をやんわり伝える方法 ……… 84

English Column:「よろしくお願いします」と「お疲れさま」……… 86

English Column:覚えておきたいクッション言葉 ……… 88

Business Manners Column:
上司・目上の人の依頼を断るときの心得 ……… 91

English Column:その英語、「違和感」があります ……… 92

Chapter 4 日常的な英語をワンランクUPする ……… 95

「ありがとう」をカスタマイズする ……… 98

「ごめんなさい」をカスタマイズする ……… 100

丁寧な英語は自然と長くなる ……… 102

お願い事や頼み事はリクエスト形式で言う ……… 104

「格上げ」単語を使ってよりスマートに ……………………………………………… 106

話し方に「波」をつくってパーソナリティーを出す ……………………… 109

その英語、「意味不明」です！ ………………………………………………………… 112

「会社員」って誰のこと？ ………………………………………………………………… 114

Chapter5 品格のあるメールの書き方 ……………… 117

一般的なビジネスメールのフォーマット ……………………………………… 120

01 資料を請求する ……………………………………………………………………………… 130

02 見積もりを請求する ………………………………………………………………………… 134

03 見積もりを断る ………………………………………………………………………………… 138

04 注文をする ……………………………………………………………………………………… 142

05 注文に応じる …………………………………………………………………………………… 146

06 注文を変更する ……………………………………………………………………………… 150

07 請求する …………………………………………………………………………………………… 154

08 支払い完了を伝える ……………………………………………………………………… 158

09 催促請求する …………………………………………………………………………………… 162

目次

10 アポイントメントを取る 166

11 面会申し込みに返信する 170

12 面会を断る 174

13 面会の御礼をする 178

14 納期のクレームを伝える 182

15 異動の挨拶をする 186

16 遅延を知らせる 190

17 返信を催促する 194

18 招待する 198

Business Manners Column:
失礼なメール文の例 202

Business Manners Column:
新人研修で習うメールの書き方 204

English Column：間違いやすい"meet"と"see"の使い方 205

Business Manners Column:
外資系企業の「部下の叱り方」 206

English Column:
"of course"は、ビジネスの場では危険な言葉 208

English Column：TPOをわきまえない"must"の使い方 209

付録 211

ビジネスでよく使う略語 212

英語を話すときに気をつけたい日本のビジネス用語 215

ポリティカル・コレクトネス 218

あなたの英語がワンランクUPするフレーズ 220

おわりに 222

編　集 ————————	小野結理（宝島社）
	二木由利子（オフィスふたつぎ）
編集協力 ————————	庄康太郎、近藤洋右、前田直樹、
	宮原拓也、山内柾、常山あおい、
	星野滋美
装　丁 ————————	井上新八
本文デザイン・DTP ―	株式会社ホワイトライングラフィックス

Chapter 1

ビジネス英語に品格をプラスする

ワンランク上のビジネス英語

ビジネス英語に品格をプラスする

　ビジネスの場でよりよい人間関係を築くには、まずオフィスの上司や同僚など周囲の仕事仲間や、ご縁のできた得意先の人びとの信頼を得ることが大事です。たとえ言語は違っても、礼儀正しく、品性と人間味のある会話のできる人が「仕事のできる人」というのも、世界共通の認識であると思います。

　この章でお伝えするビジネス英語は、ほとんどが学生時代に習った英語をもとに、単語を選んだり組み合わせを工夫したりしてできています。

　日常の業務のなかのさまざまな場面を思い出し、また相手の気持ちを大切にという日本語を話すときのマナーを心がけていれば、各シーンでの「丁寧な英語の使い方」をマスターするのもそれほど難しいことではありません。

　英語を学習するにあたって、一体どこから始めればいいのかと悩む方が多いかと思いますが、私の周りの英語教育のベテランたちは「目的を絞って、その目的に必要な英語を集中的に勉強すること」と口を揃えます。旅行で使いたいなら旅行に必要な英語にフォーカスして、英語をベースに仕事をされているならその仕事に必要な英語に絞って勉強することが大事です。

　いわゆる「ビジネス英語」に加えて、自身の仕事に関する専門用語や特殊な言葉、所属する企業内で使用している略語などの学習を最優先にしてください。

その上でご自身の英語をプロフェッショナルで品のある英語に磨いていくと、コミュニケーションがよりスムーズになり、上司や同僚、クライアントからの信頼も深まり、よりよい人間関係が築けるようになるでしょう。

　さて、「ワンランクUPした英語」＝「ボキャブラリーの豊富さ」と思われる方が多いかもしれませんが、必ずしもそうではなく、仕事に関する専門用語以外は、特に難しい単語を使う必要はありません。
　「はじめに」で紹介した英語に関する誤解のひとつに「中学英語で十分というのは誤解」と書きましたが、単語知識で言えば、難しいものは必要ないのです。学校で学んだレベルの単語を組み合わせて工夫して使えば、十分に丁寧で品格のある英語になるのです。
　また、丁寧で品のある（ビジネス）英語にはルールがありません。本書では、皆さんが使いがちな、失礼で子どもっぽく聞こえる表現や、英語に対する誤解にもとづく表現について、どう改善してアップグレードすればいいのかのヒントをご紹介しますが、それも英語表現の一部に過ぎません。本書にあるパターンを覚えたら、次に、実際の仕事のなかで耳にする・目にする丁寧な英語の「どこが丁寧な表現になっているのか」にアンテナを張る習慣を身につけてください。
　この本で気づいた点をお手本にしながら、丁寧な表現を積極的に使うようにすれば、あなたの英語は自然とアップグレードしていくと思います。

　本書では、「あまりよくない、避けたほうがよい例（△や×）」や「よい例（○）」を比較できるように示しながら、丁寧で品のある、プロフェッショナルな英語の使い方を紹介していきます。
　まずはそのスタートラインとして、日常業務でよく使う表現と、それを丁寧に言い換える方法から始めましょう。

Chapter 1 ワンランク上のビジネス英語
example 01 「〜したい」の大人の表現

I want to start the meeting now.

今から、ミーティングを始めたいんだ

Perhaps we should get started.

ミーティングを始めましょう

ここで学べるフレーズ

Perhaps... (could / should)
もし可能でしたら〜／もしよろしければ〜／〜はいかがでしょうか（提案をするとき）／〜かもしれません（意見をやわらかく言う）

[例文1] Perhaps we should move on to the next agenda item.
そろそろ次のアジェンダの項目に進んだほうがよいかもしれません。

[例文2] Perhaps we could meet for lunch sometime soon.
よろしければ、近々ランチをご一緒できたら嬉しいです。

[解説]
「たぶん」という意味で知られる perhaps という単語は相手の都合をうかがいながらお願い事をするときや、提案をするとき、意見を言うときにも使えます。"Perhaps..." は意見を丁寧に、またはたしかではないことを述べるときに使い、"Perhaps we could/should..." は、「〜するのはいかがでしょうか」「〜するとよいかもしれません」とやわらかく提案するときに使います。

ポイント

「～したい」を伝えるときは want 以外の大人の表現を

学校では、何かをしたいときやほしいときは I want... という表現を使うと学んだと思います。でもこの「自分＋ほしい」という表現は、自己中心的で子どもっぽく聞こえます。

want を使うよりは、

I would like to start the meeting now.

のほうがよいですが、これでもまだ「自分が～したい、～が欲しい」という自分中心の表現です。

そこで、もう少しスマートな単語の使い方、言い方をして、同じメッセージを伝えます。

ここでご紹介するのは、「自分がミーティングを始めたい」から、「そろそろ始めましょうか」という言い方です。

Shall we get started?

「そろそろ始めましょうか？」

また、「もし可能でしたら」「もしよろしければ」という意味をもつ perhaps を使ったより丁寧な表現もあります。

Perhaps we should get started.

「そろそろ始めましょうか／始めたほうがよいですね」

perhaps は使い方をマスターすると、表現の幅が広がるとても便利な単語です。

Chapter 1 ワンランク上のビジネス英語
example 02 反対意見の上手な伝え方

I don't agree with that opinion.

私はその意見に賛成できません

I believe that it is too risky to implement a new system at year-end, when everyone is very busy.

年度末の忙しい時期に、新しいシステムを導入するのは
危険だと思います

ここで学べるフレーズ

I believe that ...

～だと思います

[例文1] I believe that the plan will not lead to a significant performance improvement.

その施策は、パフォーマンスの大きな向上にはつながらないと
思います。

[例文2] I believe that there is no demand for this service.

このサービスには需要がないと思うのですが。

【解説】

会議のときに便利なフレーズです。相手の意見を真っ向から否定するので
はなく、「私は○○だと思うのですが」と、やんわりと意見を述べるときに使
えます。"I believe that's correct." 「それは正しいと思います」など、否
定的な意見だけでなく、肯定的な意見（相手の意見に賛同するとき）にも使
うことができます。

ポイント

会議で発言しないのは
その場に存在しないのと同じ

私が働いてきた会社では、賛成であれ反対であれ、皆活発に意見を述べ合い、議論を深めます。会議で発言することは、"add value" つまり会議に「価値を与える」ことになり、それは仕事に貢献している証。黙っているとその場に存在しないとみなされてしまうのが欧米企業の会議です。反対の意見を言うときは、ただ反対するのでなく、相手の発言をいったん認めた上で反対の理由や自分の考えを具体的に述べましょう。

I see your point. However, in my opinion, it is important that we stay on a consistent schedule globally.

「あなたの意見は理解できます。ただ私は世界各地と足並みをそろえて同じタイミングで導入するのが重要だと思います」と、まず相手の意見に理解を示してから自分の意見を述べると丁寧です。

また意見を求められて、自分の意見を保留したいときは、

I'm afraid I am not familiar with...

「申し訳ありませんが、〜について詳しい知識がなく……」

Thank you for asking. However, I would have to think about this some more before I offer an opinion.

「お尋ねくださってありがとうございます。ただこの件については私の意見を提案する前に、もう少し考えたいと思います」としっかり伝えましょう。

19

Chapter 1　ワンランク上のビジネス英語
example 03　**敬意を払った「頼み事」の仕方**

Would you please give me your ideas for the event?

イベントの案を出していただけますか？

Would you please submit / provide your ideas for the event?

イベントの案を提出していただけますか？

ここで学べるフレーズ

Please submit... ／ provide...
～を提出してください／準備してください／送ってください

[例文1] Please submit the action plan by 6:00 p.m. today.
アクションプランを本日の午後6時までに提出してください。

[例文2] Would you please provide some additional details on this?
この件に関してもう少し詳細をいただけますか？

【解説】
"give me..." というフレーズは「～をちょうだい」と、幼稚に聞こえます。提出を求めるなら submit や provide、何かがほしい場合には"would like..." と言い換えるほうがスマートです。相手に意見を求める際の "Please give me..." も "I would like to get..." または "Would you please submit..." と言い換えるほうがいいですね。

ポイント

ビジネスでは通用しない
give me... を用いた頼み方

I want... と同じように幼稚に聞こえるのが give me... です。Would you please... とせっかく丁寧に始めても、その後を give me と続けるといきなり子どもっぽく、相手の気持ちを無視した一方的な要求にも聞こえてしまいます。

ここで、丁寧な英語表現の中で、頻繁に登場する "could" "would" "should" の3つの言葉について使い分けを説明します。

could

could は can よりもやわらかい印象になります。
P32で詳しく説明するリクエスト形式 Could you...? がよく用いられます。
can は「能力（〜できる）」や「可能性・許可（〜がありうる・〜してもよい）」の意味。
could を使った疑問系にすることで、「（もしできるならば）〜していただけませんか」というニュアンスで、相手の重荷を軽減できます。
Can you help me?「手伝うことはできる？」よりも
Could you (please) help me?「お手伝いしていただけませんか？」と表現すると丁寧になります。

would

would は、丁寧にお願いするとき、何かを聞くとき、手伝いを申し出るときなどに用います。

Would you...? は相手の「意思」「気持ち」があるかどうかを問うニュアンスです。Would you please...? にすると丁寧になりますが、聞かれた相手にとっては断る自由度の狭い表現なので、使い方に注意が必要です。

Would you like to go grab a cup of coffee? 「コーヒーを買いに行くのはいかがですか？」というように、婉曲的に相手を誘うときにも使えます。

should

should は「〜したほうがよい」「〜するのが正しい」のニュアンスです。これから自分がすべきことを言うときや、人にアドバイスするとき、規則について述べるときなどに使われます。

You should go home soon. 「そろそろ帰ったほうがいいよ」や、All employees should make sure they update their emergency contact information on the HR system. 「全社員が、人事システムで緊急時の連絡先情報を更新するべきです」というふうに使われます。

English Column

自分の意見に自信をもって発言する

ミーティングに出席して発言を求められ、謙遜して「正しいかどうかわからないのですが」「詳しくはわからないのですが」と言うと、自信がなく頼りない印象を与えます。ポイントは、自信をもって、はっきりと言うことです。

自分の考えがどうしても確かではない場合は、以下のようなクッション言葉を使ってみてください。

○ As far as I know...「私が知る限りでは〜」
○ To the best of my knowledge...「私が知る限りでは〜」
○ Based on my experience...「私の経験から言いますと〜」
○ I believe...「私の考えでは〜／〜だと思います」
○ In my opinion...「私の考えでは〜／〜だと思います」
○ I'm afraid I am not familiar with...「恐れ入りますが、
　　　　　　〜については詳しく存じ上げておりません」

また、次のようなフレーズを加えると、責任感がある印象が伝わります。

○ I can answer that in part.「部分的にお答えできます」
○ I don't have the answer right now, but I'd be happy to check and get back to you.「いますぐにお答えできないのですが、お調べしてご連絡いたします」

Chapter 1 ワンランク上のビジネス英語
example 04 **相手の言葉を聞き返す方法**

Excuse me?

すみません

I'm afraid I didn't catch that.
Would you please repeat that?

申し訳ございませんが、聞き取れませんでした
もう一度おっしゃっていただけますか?

ここで学べるフレーズ

(I'm afraid) I didn't (quite) catch that.
（申し訳ないのですが）いまおっしゃったことが（よく）聞き取れませんでした

[例文1] I'm sorry, but I didn't catch your name.
申し訳ないのですが、お名前が聞き取れませんでした。

[例文2] I'm afraid I didn't quite catch what you said.
申し訳ないのですが、いまおっしゃったことをよく聞き取れませんでした。

[解説]
catch は学校では「取る」「捕まえる」と教わったと思いますが、このように使うと「聞き取る」の意味になります。聞く努力をしたけど聞き取れなかった、申し訳ない、という気持ちが伝わる言葉です。プレゼンテーションを聞いていて、隣の人が "Did you catch what he just said?"（いま彼がなんて言ったか聞こえた?）というときにも使います。

24

ポイント

聞き返さぬは恥！
丁寧に相手に尋ねよう

相手の言ったことが聞き取れなかったとき、「何？」と聞き返しそうになりますが、英語に直訳して What? とひと言で聞くのは失礼です。

Excuse me? は何とか許容範囲です。でも、トーンによっては「なんだって？」「どういうこと？」というニュアンスに聞こえる危険性があります。簡潔に尋ねるなら、Pardon (me)? のほうがよいでしょう。

聞き取れない言葉があったとき、ついその場をやり過ごしてしまうことがあるかもしれません。

でもそれがクライアントとの商談の場で、あなたの会社の社運がかかるような話を聞き逃していたとしたらどうでしょう？　よく聞き取れなかった話を聞き返すのは恥ずかしいことではありません。

Would you please repeat that?
「もう一度繰り返していただけますでしょうか？」や、
Would you please repeat what you just said?
「いまおっしゃったことをもう一度お願いします」
I'm afraid I didn't catch that. Would you mind repeating that?
「申し訳ありません。ちょっと聞こえなかったのでもう一度言っていただいてもいいですか？」
と尋ね、しっかり確認したほうがよいでしょう。

Chapter 1 ワンランク上のビジネス英語
example 05 「本当ですか?」のビジネス的表現

Really? / Is that right?

本当に?/本当ですか?

I see. Just to confirm, is my understanding correct?

なるほど。そうなのですね。
確認ですが私の理解は正しいでしょうか?

ここで学べるフレーズ

Just to confirm, ...
確認させていただきたいのですが…

【例文1】 Just to confirm, is the meeting on Monday or Tuesday?

確認させていただきたいのですが、ミーティングは月曜日ですか、火曜日ですか?

【例文2】 Just to confirm, is it fine to get back to you on this tomorrow?

確認なのですが、この件について折り返させていただくのは明日でもよろしいでしょうか?

【解説】
自分の理解が正しいかどうか定かでないときや、念のため確認をしたいときに「念のためご確認いただけますか?」「確認なのですが」といったニュアンスで使います。自分の記憶が不確かなときに、相手に尋ねるシーンで使うこともできる便利なフレーズです。

26

ポイント

意外さを示すのに
Really? は、幼稚です

日常会話では頻繁に使われる、Really?「ほんとに？」
も、仕事においては幼稚で失礼な言葉です。
ちょっと意外なときなど、思わず「本当ですか？」と言っ
てしまいそうですが、Really? は、日本語の「本当で
すか？」よりもさらに相手を疑っているニュアンスなの
で、特に上司や目上の人との会話では避けたほうが無難
です。

Are you serious?「マジで？」「本当かよ！」
これも相手を疑っているニュアンスがあり、親しい友達
の間では使えても、ビジネスでは使わない表現です。

Is that right?「本当ですか？」は、同僚との会話の中
では問題ないですが、I see.「そうですね」と、相槌を打
つほうをおすすめします。

上司に自分の理解が正しいかを確認するときは、
**Just to confirm whether my understanding is
correct.**
「私の理解が正しいか、確認させてください」
と、丁寧に聞きましょう。

Chapter 1 ワンランク上のビジネス英語
example 06 心遣いが伝わる予定の尋ね方

Are you free on Friday at 2:00 p.m.?
金曜日の午後2時は空いてる?

Would you possibly be free on Friday at 2:00 p.m.?
金曜日の午後2時のご都合はいかがですか?

Would you be available at 2:00 p.m. for a meeting to discuss our new project?
午後2時から新しいプロジェクトについて
会議をしたいのですが、ご都合いかがですか?

ここで学べるフレーズ

**Would you possibly be free...?
／Would you be available...?**
〜のご都合はいかがですか?

【例文1】 Would you possibly be free Saturday night?
土曜の夜のご都合はいかがですか?
【例文2】 Would you be available during lunchtime today?
今日のランチタイム、ご都合はいかがですか?
【解説】
ここで紹介する "possibly be free" や "be available" といった表現はいずれも、「スケジュールが空いている可能性があるか」を尋ねるもの。「空いていない可能性」も視野に入れた上で相手を誘っているので、もし相手に不都合があった場合、断りやすくなっています。

28

ポイント

相手の都合を聞くときは
断れる余地を残す

スケジュール調整のために「金曜日の午後2時は空いてますか?」と尋ねるとき、

Are you free on Friday at 2:00 p.m.? は、相手に断る余地を残さない一方的な質問で、丁寧な聞き方とは言えません。

Won't you be free on Friday at 2:00 p.m.?

「金曜の午後2時は空いてないの?」と相手を責めています。

Would you possibly be free on Friday at 2:00 p.m.?

「金曜日の午後2時はご都合いかがですか?」のほうが相手の都合を考えていて気遣いのある聞き方です。

また、何をするために聞いているのかを一緒に伝えると丁寧です。

「金曜日の午後 2時から我々の新しいプロジェクトについて会議をしたいのですが、ご都合はいかがですか?」

① Please let us know if you would be available [for a meeting] on Friday at 2:00 p.m. to discuss our new project.

② Would you please let us know if you would be available on Friday at 2:00 p.m. to discuss our new project?

①でもよいと思いますが、②のほうが、相手の都合を尊重する問い方で、丁寧な表現です。

Chapter 1 ワンランク上のビジネス英語
example 07 「申し訳なさ」を伝える方法

No, I can't.／I'm sorry, but I can't.

いえ、できません／すみませんが、できません

I'm afraid I won't be able to attend. ／I'm sorry, but I have another appointment at that time.

あいにく私は出席することができません
／申し訳ありません、その時間は別の予定が入っています

ここで学べるフレーズ

I'm afraid I won't be able to...
申し訳ないのですが、〜できません

[例文1] I'm afraid I have a schedule conflict at that time.
申し訳ないのですが、その時間は他の予定が入っております。

[例文2] I'm afraid I won't be able to meet the deadline.
申し訳ないのですが、〆切に間に合わせることができません。

[解説]
何かの申し出を断るとき、ただ"I can't"と伝えると、相手にぶっきらぼうな印象を与えかねません。申し訳ない気持ちと相手への配慮が伝わる言葉を選ぶなら"I'm afraid I won't be able to..."は相手への気遣いが伝わり、言っていることをやわらかくするフレーズです。

30

ポイント

お断りの言葉の前には
クッション言葉を

メールでも会話でも、仕事の場で日常的に出くわすのが、断らねばならないシチュエーション。断るときほど相手の気持ちを第一に考えながら、曖昧さを残さず簡潔に伝えることが大切です。

日本語では「難しいです」は相手を気遣った丁寧な断り方の表現ですが、これを直訳して、

That would be difficult. と言うと、

Oh, really? Good luck!「そう？ じゃあ頑張ってね」と、引き受けたように取られてしまいます。

Would you be able to attend the lunch meeting tomorrow?「明日の昼食会に参加していただくことは可能ですか？」と聞かれて、

No, I can't. と答えるのは、ストレートで失礼に聞こえます。

I'm sorry, but I can't. だと、申し訳ない気持ちは伝わりますが、やや淡白な表現です。断りの言葉の前にクッション言葉をつけて、あなたの残念な気持ちを伝えましょう。

I'm afraid I won't be able to attend.

「あいにく出席することができません」

Unfortunately, I have a schedule conflict and can't attend.

「残念ながら予定が重なっていて、出席できそうにありません」

Chapter 1 ワンランク上のビジネス英語
example 08 丁寧な「お願い事」の仕方

> Will you contact the vendor to let them know that we'd like to know more about their service?
>
> 取引先の会社に、私たちが他にどんなサービスがあるのかもっと知りたがってるって伝えてもらえる?

> <u>Could you please</u> contact the vendor to let them know that we'd like to know more about their service?
>
> 取引先の会社に連絡して、他にどんなサービスがあるのか、もっと知りたいと伝えていただけますか?

ここで学べるフレーズ

Could you please...?
〜していただけますか?

[例文] Could you please log off when you're finished using the shared laptop?
共有パソコンを使った後はログオフしていただけますか?
(laptop =パソコン)

[解説]
未来のことを尋ねるときの表現として、多くの方の頭にインプットされている "Will you...?" も、場合によっては失礼にあたります。Will は相手の意思を問う性質がある単語なので、(意思とは関係なく)相手に依頼をする際には "Could you please...?" に言い換えた方がベターです。

ポイント

何かを依頼するときは
「意思」でなく「可能性」を問う

Will you...? で始まる尋ね方は、「～してもらえる？」と
相手に依頼しており、命令するニュアンスがあります。
Will you...? よりも、
Could you please contact...?
「～に問い合わせて（聞いて）いただけますか？」という
表現のほうが丁寧な依頼の仕方です。

Will you review the draft before I submit it?
「提出前に下書きを見てもらえますか？」と聞いている
つもりが、相手には「～見る気はあるの？」と聞こえます。
Will you...? は、「～する気はありますか？」と相手の
意思を聞いていることになるので、相手が断りにくい
ニュアンスになるのです。
いっぽう、
Could I ask you to...? / Would you please...?
「～していただけますか？」という表現を使えば、可能性
を尋ねる聞き方になり、相手にとっては断る余地が残さ
れています。
Will you...? は、親しい間柄の相手に、
Will you pass me the salt?
「ちょっとその塩取ってくれる？」
などと、カジュアルなシチュエーションでのみ許される
言い方です。

Chapter 1　ワンランク上のビジネス英語
example 09　**スマートな「お断り」の仕方**

No, I'm not free.

いや、空いてない

Unfortunately, I am not available at that time.

残念ですが、その時間は都合がつきません

ここで学べるフレーズ

Unfortunately, ...
残念ではございますが〜、あいにく〜

[例文1] Unfortunately, the conference rooms are fully booked.
あいにく会議室は満室となっております。

[例文2] Unfortunately, the product is currently out of stock.
あいにく、現在その製品は在庫がございません。

[解説]
相手の期待に添えない場合に、文頭に添えるとやわらかく伝えられるクッション言葉です。たとえば "Unfortunately, he is unable to answer the phone right now." と言えば、「あいにく今は電話に出られない」ことを伝えることができます。

ポイント

お断りをするときは
代替案を添えて

No, I'm not free.「いや、空いてない」は、ビジネスの場では使わないほうがよい乱暴な表現です。

Unfortunately, I have an appointment that afternoon.
「残念ながらその日の午後はアポが入っています」

I'm afraid I have a schedule conflict at that time.
「残念ながらその時間は別の予定が入っています」
どちらもまず、断らねばならない残念さ（申し訳なさ）を伝えています。

そのような断りの言葉を伝えた後で、
How about the next day?
「次の日はどうですか？」
Would you be available Tuesday morning?
「火曜日の朝のご都合はいかがですか？」
と、こちらから代案を出すと、より相手への気遣いが感じられます。

ビジネスは、先に予定を立てた者勝ち、早い者勝ちの世界なので、相手の予定が埋まってしまう前に提案してあげると熱意も伝わりますし、効率的です。

Chapter 1 ワンランク上のビジネス英語
example 10 相手を気遣う「催促」の仕方

Do this ASAP.
(Do this as soon as possible.)
／Please reply as soon as possible.

早くしてください／なるべく早く返事をください

We would appreciate your reply at
your earliest convenience.

できるだけ早くお返事をいただけるとありがたいです

ここで学べるフレーズ

I [We] would appreciate...
〜していただけるとありがたいです

[例文1] We would appreciate your feedback on this
product.
この商品に対するフィードバックをいただけるとありがたい
です。

[例文2] I would appreciate your prompt response.
すぐにお返事いただけますと幸いです。

[解説]
すべてのお願い事を"Please..."という言い回しで行うと、形式的で一方的
に聞こえます。依頼に応えていただけると助かる、というニュアンスで"I
[We] would appreciate..."などの言い回しを選びましょう。

36

ポイント

緊急度の高い依頼で
使いたいクッション言葉

急いでほしい（緊急度の高い）お願いをするとき、相手の
負担になるとわかっていながら依頼しなければならな
いときは、クッション言葉でやわらげます。

Could you let us know as soon as possible?
「できるだけ早くお知らせいただけますか？」は簡潔です
が、もう少し申し訳ない気持ちを伝える言葉が加わると
よりよいです。そこで効果的なのがクッション言葉です。
以下の例文を参考にしてください。

**We would appreciate your reply at your
earliest convenience.**
「できるだけ早くお返事いただけるとありがたいです」

**Would you please get back to us at your
earliest convenience?**
「できるだけ早くお返事をいただけますか？」

**I'm sorry to rush you, but would you please
get back to me at your earliest convenience?**
「急がせてしまい申し訳ないのですが、なるべく早くお
返事をいただけますでしょうか？」

Chapter 1 ワンランク上のビジネス英語
example 11 **仕事を円滑に進めるリマインド方法**

Can you reply ASAP?

早く返事をもらえませんか?

I'd just like to follow up on this...

~の件について状況を確認させてください

ここで学べるフレーズ

I'd just like to follow up on...

~の件について確認させてください／状況を確認させていただきたいのですが

[例文1] I'd just like to follow up on my email dated November 2.

11月2日にお送りしたメールについて、確認させていただきたいと思います。

[例文2] I'd just like to follow up regarding your budget plan for the period of Apr. 1 - Aug. 31.

4月1日~8月31日までの予算計画について確認させていただきたいです。

[解説]

返事をくれない相手を責めるのでなく、「自分が確認をしたい」という表現で、やんわりと返事や行動を促すことができるフレーズです。また、"I'm sorry if I missed something in the interim." 「もしこちらが前回の連絡からの間に見落としがありましたら申し訳ありません」とつけ加えると、返事をもらった可能性があるが、たしかではないことが伝わります。

ポイント

リマインドメールには
相手への心遣いを添えて

今では日本のオフィスでも当たり前として使われている カタカナ英語「リマインダー」（思い出させるための 注意）。これもタイミングや伝え方などに大変気を遣い ます。相手にプレッシャーをかけずに催促するには少し調整が必要です。

I didn't get your reply yet. Please respond ASAP.「まだ返事をもらっていません。早く送ってください」

Please と言いながらも、かなり直接的な表現です。

What is the status on...?「～の状況・進捗はどうですか？」

これも直接的で、相手にプレッシャーを与えます。

よい例は、

I'd just like to follow up on this request. If you require further information, please let me know.「私がお願いした件の進捗状況を確認させていただきたく思っております。もしさらに情報が必要でしたら、お知らせください」

また、

Please feel free to let us know if you have any questions.

「何かご不明な点などありましたら、お気軽にお聞かせください」といった趣旨の文を加えると、なお丁寧になります。

Chapter 1 ワンランク上のビジネス英語
example 12 間違いをやんわりと指摘する方法

You made a mistake.

あなたは間違っている

I'm afraid there's been a mistake.

残念ながら、間違いがあるのではないかと懸念しています

ここで学べるフレーズ

I'm afraid ...
申し訳ないですが〜/残念ながら〜

[例文1] I'm afraid we have to reschedule the meeting to next month.

残念ですが、ミーティングを来月に延期しないといけません。

[例文2] I'm afraid that the budget is too tight to undertake this project.

残念ながら、予算が少ないため、このプロジェクトをお引き受けすることができません。

[解説]
ネガティブなことを伝える前に "I'm afraid..." というクッション言葉を入れると、その後述べる事柄に対する「心苦しさ」を伝えることができます。文頭に添えて、相手に（心の）準備をさせてから伝えるという思いやりです。

40

ポイント

相手に嫌な思いをさせずに
間違いを指摘する方法

ビジネスにおいて、言いにくいことをはっきり伝えるのは大事なことですが、その言い方には注意が必要です。You made a mistake. と、You を主語にすると攻撃的に聞こえるので、反対意見や反論を言うときは客観的な表現や疑問形を使って、丁寧な伝え方を心がけましょう。

相手を攻撃しているような言い方を避けるには、相手ではなく間違い自体にフォーカスして、**客観性を保ちます**。

I don't think this is quite correct.
「ほとんど正しくなかったのではないかと思います」

This may be a mistake. Would you please confirm and get back to us?
「これは間違っているかもしれません。確認して私どもにお知らせいただけますか？」

"Agree to disagree." 直訳すると「反対の意見をもつことに賛成する」という言葉があるように、お互いに異なる意見をもつことを認め、思考の多様性を尊重することが大切ですし、新たなアイディアもそこから生まれます。

自分の意見を一方的に押しつけるのでなく、反対の理由や代案を述べることがビジネスをスムーズに進める上で品格のある伝え方です。

Business Manner

外資系企業で働く人たちがもつ8つの素質

　ビジネスパーソンに求められる能力は、業種や企業によって
さまざまですが、私が外資系企業で働きながら尊敬の念を抱い
た同僚や上司たちは、以下のような能力をもつ方々でした。
　彼らが共通してもっていた8つの素質をあげてみます。

①コミュニケーション能力

　クリアに、正確に、簡潔に伝えることができる。また、相手
の話を聞く力もある。

②チームワーク

　目的や目標に向かって互いに協力し合い、成功は一緒に喜ぶ。

③リーダーシップ

　チームをまとめたり、仲間のモチベーションを上げることが
できる。責任感があり、自分だけではなくチーム全体が成長す
ることをつねに考えている。

④変化に柔軟

　何かトラブルが起きたとき、冷静に対応できる。会社のパ
フォーマンスは社内の環境や部署、チームの変化によってつね
に変動し、進めているプロジェクトが思わぬ理由で中止になる
こともある。そんなときにもパニックに陥らないタフさと成長

Column

志向をもっている。

⑤プロアクティブ

つねに先を見越して行動する。自分から進んで物事を提案したり、取り組んだりする積極性がある。指示を待つのではなく、リスクなども予測した上で行動する必要性を痛感したのは、新人のころ「言われたときはもう遅い。言われる前にやらなければいけないよ」と言ってくれた上司の言葉です。

⑥目標設定

つねに目標をもち、達成しようと努力する。確固たるモチベーションを保ち、失敗しても諦めず前に進むことができる。

⑦学ぶ姿勢

自分のミスや弱点を受け入れ、分析し、絶えず成長しようとする。すぐれた人から学ぶ姿勢をもち、いつでもコンフォート・ゾーン（ comfort zone ＝快適で安心できる場所。慣れ親しんだ領域 ）から抜け出し、新たな挑戦をする。

⑧自己管理

必要なときには休む判断もでき、バランスの取れた自己管理ができる。忍耐力があるのは大切なことだが、頑張りすぎるとかえって周囲に迷惑をかけることがある。

Business Manners Column

プレゼンテーションはボディランゲージで

　私が外資系企業で学んだスキルの中で、特に有用だったものはボディランゲージによるコミュニケーションです。

　プレゼンテーションのときの聞き手を引き込むための演出に効果的です。

　私も同僚たちの自然で魅力的なボディランゲージを見て勉強し、見よう見まねで実践しました。

　プレゼンテーション・コーチからの教えもありましたが、私自身が気をつけているポイントは、スライドばかり見ないで、できるだけ背筋を伸ばして、参加者たちと向き合いながら話すことです。

　聞き手ひとりにつき3秒から5秒は目と目を合わせて話しかけ、手は前や後ろで組まず、自然に横に下ろします。そして、ものおじせず、自信をもって堂々と話すことも大切。大勢の人がせっかく聞きに来てくださったのに、自信がなく腰が引けたようでは失礼になることも学びました。

Any questions?「質問は？」は、同僚や部下だけ参加するミーティングではよいですが、よりフォーマルなプレゼンテーションでは、

Does anyone have any questions?
「どなたか質問はございませんか？」
のような丁寧で品のある表現を使うとよいです。

English Column

相手の意見に同意できないとき

相手と反対の意見を示すとき、クッション言葉を添えるか、または前置きを入れるとよいと思います。

I don't think so.

「私はそうは思わない」と直接的に言ってしまうと、少し角が立ってしまうかもしれません。

I don't agree. も I disagree. も、相手の考えを否定しているような言い方でおすすめできません。

I'm afraid I don't agree.

「申し訳ありませんが、賛成できません」と言えば、クッション言葉が作用してやわらかく伝えることができます。このとき、I'm afraid I don't agree with you. のように、相手と同意しないと言うよりも、I'm afraid I don't agree (with that). と、アイディアや発言に対して同意しない、というニュアンスの方がよいでしょう。他には次のような言い方もあります。

I'm afraid I have a different opinion on that.

「申し訳ありません。私はそれについて別の意見をもっています」

それぞれ違う意見があってよいですし、異なる意見からさまざまなアイディアや改善点も生まれるかもしれません。

このようにクッション言葉を使って異なる意見をもっていることを伝え、反対する理由や代案も述べれば、相手はより受け入れやすくなる上に、思考の多様性を尊重している姿勢も示すことができます。

English Column

英語では通じないカタカナ語

カタカナ語だから語源は英語だろう、西欧人にも通じるに違いないと思い込んでいる言葉の中に、英語では使わない単語がいくつもあります。

特に日本では何かの単語を短くして、略語にする傾向がありますが、英語では通じないことが多々あります。
たとえば、I got an apo with... と言ったら、「アポ？ Appleのこと？」と思われてしまうかもしれません。
appointment (面会の予約)はアポイントメントと言います。

日本のオフィスでよく使われる「リスケ」という言葉も西欧人には通じません。
同じように「response（返事）」を縮めた「レス」も欧米では使わない日本語・カタカナ・ビジネス用語です。
「パソコン」も日本だけの言葉。英語では「laptop（ラップトップ）」です。
また、略語ではなく、意味は同じでも使い方としてないのが「チャレンジする」という表現です。「ちょっとチャレンジしてみる！」
これを無理矢理英語で言うなら、
I'm going to take on a challenge. です。
もっと自然に言うなら、I'll try to... がよいでしょう。

また、「〜アップ」「〜ダウン」と、どんな言葉にもアップと
ダウンをつければいいと思っているとしたら、それも誤解で
す。

　たとえば、労働組合と企業の交渉事で使う「ベア」は、
increase in base pay「ベースアップ（賃上げ）」の略語で
しょうが、英語圏では「ベア」と言っても通じません。

　英語には、「speed up（スピードアップ）」はあっても、
「speed down（スピードダウン）」はありません。

　スピードダウンと同じ意味なら、「slow down（スローダウ
ン）」です。

　また、「サービス」を「無料」という意味だと勘違いしている方
も多いです。

　service は「奉仕」「勤務」「労務」「取り扱い」「骨折り」
「客商売」などさまざまな意味をもつ名詞ですが、「無料」や「タ
ダ」という意味はありません。

　スタッフという単語の使い方も日本独特です。
He is a staff. は通じず、「彼はうちのスタッフです」と言うなら、
He's a member of the staff. か、
He's a staff member. が正しい英語です。

　カフェで「アメリカン・コーヒー」を注文するなら、regular
coffee と言いましょう。
mistakəを「ミス」と言うのも英語にはないカタカナ語です。
I made a miss. も It was my miss. も間違いで、正しくは、
I made a mistake.です。

Chapter**2**

人間関係を
良好にする英語
そのまま真似したい丁寧な英語

人間関係を良好にする英語

　ビジネス・シーンでもっとも大切なもののひとつが、人と人との円滑なコミュニケーションです。上司と部下の関係であれ、同僚同士の仲であれ、またクライアントとの付き合いであれ、互いが信頼し合っていないと仕事もスムーズに運びません。

　英語が得意な日本人の方と話していて、ときどき「その言い方は失礼に聞こえる」と感じることがありました。
　「それはなぜだろう？」と考えると、英語に対するその方の間違った思い込みに原因があるような気がしたのです。

　たとえばよく、「英語には敬語がない」と言われますが、それも誤った思い込みで、英語にも敬語に相当する表現はあります。

　たしかに英語には、「ございます」「です」などと、相手によって語尾を変えるような文章形式はありません。

　また、「尊敬語」「丁寧語」「謙譲語」や、「御社」「弊社」「ご覧になる」「拝見する」といった、敬語特有の決まった単語もありません。さらには、「お世話になっております」や「よろしくお願いいたします」のようなお付き合いのなかで頻繁に使うセットフレーズも英語にはありません。
　だからといって敬語的な配慮もせずにいると、英語表現は会話もメールもたいへん短く、少しぶっきらぼうなものになってしまいます。

そして、それでよいと思っている方もたくさんいらっしゃいます。

たとえば、私がオフィスで受けた依頼メールに返信するとき、

Michelle,
Sure. I will.

Regards,
Maya

「ミッシェル、了解。そうします。マヤ」とだけではなんとも味気ないです。

　これが日本語のメールだと、「お世話になっております」から始まって、「承知いたしました。そのようにいたします。よろしくお願いいたします」など、敬語特有の表現があるので、形式的でも丁寧に聞こえます。

　では、英語のコミュニケーションでは、相手に対する気遣いの表現はいらないのでしょうか？　そうではありません。
英語の返信メールも、丁寧さを上げる方法があるのです。

　英語には日本語と同じような敬語特有の単語や文章はありませんが、そのときの状況や相手によって言葉を組み合わせたり、言い方を調節したりしながら丁寧さを加えて、自分の気持ちを伝えることができます。

　これが英語における敬語的表現です。

実は英語は日本語以上に幅広い表現のできる、奥の深い言語だという見方もあります。
　たとえば友人同士で話すとき、また目上の方や先生と、あるいはビジネスで上司と、会社のCEOと、そして大げさに言えば大統領と話すときなど、さまざまな関係にあわせて調節が可能なのです。

　ここで、私がビジネス英語にも「敬語的表現」があると気づいたきっかけのひとつを、具体例をあげて紹介します。

　ある日、社内外から送られてくるメールの中に、次のようなフレーズがよく登場することに気づいたのです。
Could you kindly...？「〜していただけますか？」
　kind は学校で「親切」「優しい」と教えられました。そして副詞である kindly は、直訳すると「親切に」とか「優しく」という意味です。会話のなかにその言葉をひとつ加えることの効用について考えてみましょう。

　「資料を明日までに用意していただきたい」という用件を伝えるとき、
Could you please prepare the document by tomorrow？
「資料を明日までに用意していただけますか？」
と言うだけでも十分丁寧な言い方です。ところがあるとき私に届いたメールに、
Could you please kindly prepare the document by tomorrow?
「資料を明日までに用意していただけますか？ そうすると、とても助かります」というとても素敵な表現がありました。

　たった一語 kindly という副詞が入っただけで、相手の気遣いが感じられ、嬉しい気持ちになることができたのです。

このように、申し訳ない気持ちや「明日までに資料がそろうと、とても助かる」という気持ちを相手に伝えることは、お互いのよい関係を築くのに役立ちます。

　kindly のおかげでそのことに気づいてから、英語のロールモデルとなる周りの方々のメールや表現を参考にして、英語をより品のあるものに磨いていくことができました。

　こんなふうに、「この言い方を使いたい」「この英語の言い回しは丁寧だ」と思ったら、よく使われるフレーズとして覚えてしまうことをおすすめします。

　英語の敬語的表現には使い回しが多いですから、さまざまな場面設定や相手の違いがあっても、単語の組み合わせを工夫すれば活用できるのです。

　毎回ゼロから考え出すよりも、覚えた表現を繰り返し使いながらマスターしていきましょう。

Chapter 2 そのまま真似したい丁寧な英語
example 01 **品がある挨拶の仕方**

Nice to meet you.

会えて嬉しいです

It's a pleasure meeting you.

お会いできて嬉しいです

ここで学べるフレーズ

It's a pleasure...
〜できてうれしいです

[例文1] It's a pleasure to be able to assist your team.
あなたのチームをお手伝いできてうれしいです。

[例文2] It's a pleasure working with you again.
お仕事をまたご一緒できてうれしいです。

[解説]
"It's a pleasure..."は"Thank you."に対する返事としても便利なフレーズです。"You are welcome."を"It's a [my] pleasure."に言い換えるだけで「お役に立ててうれしい」というあなたの気持ちが伝わり、品がよく丁寧に聞こえます。

ポイント

初対面の挨拶で
あなたの人柄を印象づける

クライアントと初対面のときや、新規プロジェクトで新しい人との仕事が始まるとき、
Nice to meet you. でもよいですが、
It's nice to meet you. と、"It's" だけでも入れると、少し丁寧さが加わります。でも、
It's nice to meet you. は相手も使う言葉。おうむ返しするだけでは機械的な感じです。
It's a pleasure meeting you. や
I'm very happy to meet you. などと、少し言い換えてあなたのうれしい気持ちを伝えましょう。

また、さらにカスタマイズするなら、
It's nice to meet you. の後に、
I look forward to working with you.
「お仕事ご一緒できるのを楽しみにしています」や、
I've heard your name often from
my coworkers.
「あなたのお名前は同僚からよく聞いていました」
Tom has told me a lot about you.
「あなたのことはトムからよく聞いています」などと
その人に向けたひと言を加えると、機械的ではなく人間味が感じられます。
　なお、英語には、日本の仕事の場で誰もが使っている「よろしくお願いします」や「お疲れさまでした」などを、直訳できる言葉がありません。でも、これらの挨拶言葉

も敬語と同様、状況に応じていくつもの言葉を組み合わせて、使い分けることができます。以下にビジネスでよく使う挨拶言葉のフレーズをご紹介します。

初対面の挨拶　　It's a pleasure to meet you.
お会いできて嬉しいです

親しい間柄の日常の挨拶
Hi. How's it going?
やあ、元気かい？

ねぎらいの言葉　Thank you for your help.
手伝ってくれてありがとう

Thank you for your hard work.
頑張ってくれてありがとう（上司から部下へ）

誰かによろしく伝えて欲しいとき
Please give my best regards to
Suzuki san (または Mr. Suzuki).
鈴木さんによろしくお伝えください

メールの最後に　I look forward to hearing from you.
お返事お待ちしております
We greatly appreciate
your assistance.
ご協力にとても感謝しております

56

こうして見ると、誰に対しても「よろしくお願いします」と「お疲れさまでした」しかない日本語よりも、相手によって言い回しを変える英語のほうが気持ちの伝わる言語といえるかもしれませんね。

そして、意味は同じでも相手や状況によっていくつもの言い方がある英語は、それらの表現を覚えて使っていくうちにどんどん上達できる、そしてオリジナリティを発揮できる言語ともいえます。

英語のコミュニケーションで特に大切なのは、アイ・コンタクトです。初対面のときだけでなく、つねに相手の目をしっかりと見て、笑顔で握手をしましょう。

握手は片手で十分です。親愛の情を示すために両手で握手する人がいますが、文化によってはかえって偽善的に取られてしまいます。

また、日本人の握手は弱目で、比較的すぐに離してしまう人が多いようです。控えめのつもりでもいい印象をもたれません。

握手するときは①適度に強く握る、②相手の目を見る、③握手した手を２〜３回振る、の３点を心がけましょう。

Chapter 2 そのまま真似したい丁寧な英語
example 02 **真心を伝える依頼フレーズ**

> <u>Please</u> submit the final draft by the end of the day.
>
> 今日中に最終案を提出してください

> <u>We would be grateful if</u> you could submit the final draft by the end of the day.
>
> 最終案を今日中に提出していただけるとありがたいです

ここで学べるフレーズ

We [I] would be grateful if...
もし〜していただけたらありがたいです

[例文1] I would be grateful if you could let me know in advance whether you plan to attend the meeting.
その会議に出席されるかどうか、前もってお知らせいただけるとありがたいです。

[例文2] I would be grateful if you could change the date of the meeting.
もし会議の日程を変えていただけたら、ありがたいです。

[解説]
P36の "I [We] would appreciate..." のように、依頼をする際の丁寧な表現です。リクエストの仕方にもバリエーションがあるとよりよいですね。"grateful" の直訳は「ありがたく思う」ですので、「もし〜していただけたらありがたいです」とお願い事ができます。

ポイント

相手に心理的な負担を与えない
依頼やお願いの仕方

「書類を今日中に送ってほしい」という依頼を、メールで
するとき、

The final draft is due by the end of the day.

「最終案は今日いっぱいが締め切りです」と書くのは「今
日中に最終案を出しなさい」と受け取られ、失礼な命令
文です。

では、please をつければいいのでしょうか。

Please submit the final draft by the end of the day.

「今日中に最終案を提出してください」

これでもまだ上から目線の命令調で、相手に断る余裕を
与えていない頼み方です。

でも、

We would be grateful if you could submit the
final draft by the end of the day.

「最終案を今日中に提出していただけるとありがたいで
す」と表現すれば、相手を気遣う気持ちが伝わります。

I would appreciate it if you could...

「〜していただけるとありがたいです」

It would be appreciated if you could...

「〜してもらえると助かります」というフレーズを使え
ば、「協力をお願いしたい」気持ちが表せます。また、

Would you please...?

「〜していただけますか？」とリクエスト形式にすると、

59

相手への命令ではなくお願い事になるので、相手が断る自由も、（期限や内容の）交渉をするための余裕も与えられる寛容なニュアンスになります。

中学校で習った一番シンプルなお願いの仕方は、「〜してください」、つまり「please ＋ 動詞」だと思います。
Please がつくと自動的に丁寧なニュアンスになると思いがちですが、一概にそうとも言えません。

また、お願いするときに繰り返し please を連呼するのも一方的、場合によっては命令調にも聞こえます。

たとえば、メールの場合、
Please review the draft by the end of the day.
「下書きを今日中に確認してください」

簡潔ですし、please がついているので失礼とはいえませんが、素っ気ない言い方です。

Please review the draft by the end of the day. Thank you! と、Thank you. をひと言入れただけで感謝の気持ちが伝わり、人間味が感じられます。
ただし、"!" がつくと少しカジュアルなニュアンスになり、上司や目上の人には相応しくありません。

Please の部分を、
I would be grateful if you could review the draft by the end of the day.
「下書きを今日中に確認していただけるとありがたいです」

と書き換えると、please で始めるよりも、あなたの「心遣い」と「やわらかさ」が伝わります。

さらに、お願い文を質問形式にすると、もっと丁寧で気配りのある言い方になります。
Would you please review the draft by the end of the day?
「下書きを今日中にご確認いただけますか？」

ただし以下のように、メールや文書での依頼には、please で始める文章がよく使われます。

Please refer to the attached file for further information about our products.
「弊社の製品情報に関する追加資料を添付しますので、ご覧ください」

メールではクライアントに「添付資料をご覧ください」と please を使って簡潔に伝えています。

Please note that prior registration is required and registrants will receive an official invitation.
「参加には事前登録が必要です。登録された方には、正式なご招待状をお送りします」

こうした招待状を送る際の連絡事項は、つねに簡潔な表現が歓迎されます。

Chapter 2 そのまま真似したい丁寧な英語
example 03 **一緒に働きたいと思われるお願いの仕方**

Couldn't you help me prepare the handouts for tomorrow's meeting?

明日の会議で配る資料の準備、手伝ってくれないの?

It would be helpful if you could help me prepare the handouts for tomorrow's meeting.

明日の会議で配る資料の準備を
手伝っていただけると助かります

| ここで学べるフレーズ |

It would be helpful if you could [would]...
～していただけると助かります

[例文1] It would be helpful if you could help me take these documents to the meeting room.
この書類を会議室までもって行っていただけると助かります。

[例文2] It would be helpful if you could make 20 copies of this document.
この書類のコピーを20部取っていただけると助かります。

[解説]
P36の "I [We] would appreciate..."、P58の "We [I] would be grateful if..." と同じように使えます。ここでは appreciate「ありがたい、ありがたく思う」のかわりに helpful「助かる」という表現を使っているので、「～していただけると助かります」という依頼の仕方ができます。

62

ポイント

否定語で始める頼み事は
相手にプレッシャーを与える

左ページ上の例文は、「明日の会議で配る資料の準備を手伝ってもらえませんか？」と、言っているつもりでも、「〜の準備を手伝ってくれないの？」と聞こえて、相手にプレッシャーをかける言い方です。

また、

I would like you to help me prepare the handouts for tomorrow's meeting.

「明日の会議で配る資料の準備を手伝っていただきたいです」

この言い方は、否定語を使った質問形式ではないですが、「〜してほしい」という直接的な言い方なので、まだ丁寧さに欠けます。

I would greatly appreciate it if you could... 「〜していただけると、とてもありがたいです」や

It would be helpful if you could...

「〜していただけると、とても助かります」なども、こちらの気持ちが伝わり、聞いた相手も「自分が役に立てた」と思うことができます。

Could you...? または Would you...? に please をひとつ入れるだけでさらに丁寧になり、

Would you mind helping me with...?

「〜を手伝っていただけますか？」

と、Would you mind...? を入れるのも相手に対する気遣いが伝わる表現です。

日本語では、お願い事や頼み事をするとき、「～していただきたい」と言うよりも、「～していただけませんか？」と、否定語を使った質問形式で表現するほうが丁寧で、礼儀正しいとされています。

しかし、日本語の否定語をそのまま英語に直訳してしまうと失礼に聞こえます。

Can't you...？は「～できないの？」と相手を責めているニュアンスになり、
Won't you...？は「～する意思／～する気はないの？」と聞いている、さらに思いやりと相手への気遣いを欠く表現です。

「できないんですか？」と聞かれれば、相手は Yes か No で答えるしかなく、また、相手にプレッシャーを与えてしまいます。

何かをお願いするときは、断ることのできる余裕を与える表現にすると、より相手への気遣いが伝わります。

I'd like you to help me set up the room for tomorrow's meeting.
「明日の会議室の設営を手伝っていただきたいです」
これは間違いではありませんが、「～してほしい」という要求のニュアンスが残り、一方的に聞こえます。

否定形を使わずリクエスト形式で、次のような聞き方をすると、相手への気遣いが感じられます。

Would you please help me set up the room for tomorrow's meeting?
「明日の会議室の設営を手伝っていただけますか？」

Would you mind helping me with...?
「〜を手伝っていただいてもよろしいでしょうか？」

Is it possible to ask you to...?
「〜をお願いしてもよろしいでしょうか？」

「〜していただけますか？」と「肯定形＋リクエスト形式」で、礼儀をわきまえた表現を心がけましょう。

Chapter 2 そのまま真似したい丁寧な英語
example 04 「〜してほしい」の大人な表現方法

I want you to sign this form for approval.
この書類に承認のサインをしてほしいの

I'd like to ask you to sign this form for approval.
この書類に承認のサインをお願いします

ここで学べるフレーズ

I'd like to ask you to...
〜をお願いしたいのですが

[例文1] I'd like to ask you to join the financial results briefing.
決算説明会への参加をお願いしたいのですが。

[例文2] I'd like to ask you to reschedule our one-on-one to tomorrow, if possible.
ワン・オン・ワン(1対1のミーティング)を、可能であれば明日に動かしていただきたいです。

[解説]
"I'd like you to..."「あなたに〜してほしい」という表現は、"I want you to..."よりも命令調のニュアンスがやわらぎますが、それでもまだ「〜していただきたいのですが」という意味で、自分中心です。自分を主語にして「あなたに〜をお願いしたい」と伝えるほうが、丁寧に聞こえます。"I'd like to ask you to..." "Would that be possible?"「〜していただきたいです。可能でしょうか?」と聞くか、"Would you please...?" とリクエスト形式にする方法をおすすめします。

ポイント

お願いするときの
大人らしい表現

人と人との会話には、つねに「話し手」と「受け手」がいて、話し手には「意図」があり、受け手には「聞こえ方」があります。

I want ... で始めると話し手は「〜していただきたいです」と伝えるつもりでも、受け手には「〜をしてほしい ／ 〜してちょうだい」と、子どもっぽく聞こえてしまいます。

I'd like you to sign this form for approval.

「このフォームに承認のサインをいただきたいです」

悪い言い方ではありませんが、少し命令的ニュアンスが残ります。そこで、

Would you please sign this form for approval?

「このフォームに承認のサインをしていただけますか？」

とリクエスト形式にすると、相手にお願いの気持ちが伝わります。さらに、

Would you mind signing this form for approval?

please の代わりに mind を使うと、相手への気遣いが伝わる丁寧な言い方になります。

I would appreciate it if you could sign this form for approval.

「このフォームに承認のサインをしていただけるとありがたいです」と、次のようにお伺いを立てるのも相手を尊重している気持ちが伝わる表現です。

たとえば依頼の言葉で please を使う表現以外に、頭に浮かぶのは、I want ... かもしれません。

でもこの want という単語、たとえば上司が部下に対

して
I want you to come to my office.
「私のオフィスに来てください／来なさい」
と言う場合は問題ないですが、部下から上司、または同
僚同士の場合は幼稚で、失礼な言い方です。

あなたが同僚同士の会話の中で、
Our boss wanted...
「ボスが〜してほしい（と言ってたよ）」
と伝える場合は、want を使ってもいいでしょう。
でも誰かに何かを頼むとき、とくに目上の人にお願いを
するときは、I want a candy.「キャンディーちょうだ
い」のように幼稚で、自分の要望を一方的に主張してい
る言い方に聞こえるので、ビジネスの場では避けたほう
がよいです。

特に、お互いの表情や声のトーンが伝わる会話と違っ
て、ニュアンスの伝わらないメールでは、I want... は
会話のときよりさらに注意したい表現です。

I want you to reply to my email.
Please reply soon.
「このメールに早く返事がほしいです。なるべく早くお願い」

この表現でも確かに意味は伝わります。ただ、直接的で
少し配慮に欠ける上に子どもっぽく聞こえ、とてもビジ

ネスパーソンの話し方とは思えません。

頑張って難しい単語を使わなくても、ちょっとした工夫をすることで、より丁寧で明確な、そして品格のある英語にアップグレードできます。

日本語でも、「～してほしいんだけど」よりも「～していただきたい」と言うほうが丁寧なように、
Could you please...? や、
I would appreciate it if you could... などを使って丁寧な表現を心がけましょう。

よく高校生を主人公にした映画やテレビドラマで、ティーンエイジャーが、
I don't care.
Whatever.
と親に反抗するような態度で言っているシーンがありますね。意味は、日本の若者たちがよく言う「別に」です。
この言葉も「どうでもいいよ」と投げやりで、ビジネス・シーンでは使わない言葉です。

It's up to you.
「あなたのお好きなように」、「あなたに従います」
この表現も相手に委ねていると言いながら、投げやりなニュアンスがありますのでビジネス・シーンでは避けたほうがベターです。

69

English Column

高校生の会話のような言葉遣い

日本では若い人がよく「～って感じ」という言い方をしますが、英語にも似た表現があります。

たとえば、He said...「彼が～と言っていた」
と言うべきところを、高校生は
He was like... や And he goes...
「彼が～って感じで、言ってたんだよ」
という表現をしますが、ビジネスの場には相応しくありません。

I was like, "this report is for internal use only".
「私、『このレポートは部外秘』って感じで言ったのよ」

He goes / He goes like, "We cannot accept this contract".
「彼は『この契約は受け入れられない』って感じだったの」
これらは子どもっぽい言い方です。

くだけた表現として他に、goes like... 、そして省略した形の言葉として、wanna 、gonna 、gotta 、needta などといったカジュアルな単語もあります。

でも I'm going to... を I'm gonna do this. と言うとカジュアル過ぎて仕事では使えません。

70

幼稚な言葉	丁寧な言葉
wanna (want to)	**would like to** など
gonna (going to)	**going to**
gotta (got to)	**have to, need to** など
needta (need to)	**need to** など
'cuz	**because**
till, 'till	**until**

　英語の勉強のために、アメリカやイギリスの映画やテレビドラマを見る方も多いと思います。

　映画やドラマの英語は（作品にもよりますが）カジュアルな会話が多く、それで覚えた言い方がビジネスで役に立つかというと疑問です。ただ、リアルな会話のキャッチボールや、声のトーン、イントネーションなど、耳で学ぶ点ではとてもよいお手本になると思います。

　そして、さまざまな人間関係による話し方の違いや会話の「波」の違いに気づくためにもよい方法だと言えるでしょう。

　また、映画やドラマには大統領や王室の人びとも登場しますので、普段は聞けない英語も聞くことができます。

　映画の中の会話を日常の生きた英語に変えて、それぞれの目的に合った英語表現を獲得しましょう。

Chapter 3

信頼が得られる
丁寧な英語

信頼される人の英語表現

信頼が得られる丁寧な英語

　この章ではビジネスや日常生活において、信頼が得られる英語表現、コミュニケーション方法をご紹介します。
　たとえば、人に何かを頼まれて、断らなくてはならない場面。相手を思いやる気持ちを忘れたくないのは、日本語でも英語でもまったく同様です。
　私のゴールドマン・サックスでの経験を思い出しても、相手に気を悪くさせない断り方ができる人は、「仕事のできる人」として周囲からも認められる人でした。

　何かを頼まれて、いきなり"No.""I can't."ではぶしつけに聞こえます。
　せめて冒頭に、
I'm afraid that...「申し訳ありませんが」と、クッション言葉で残念な気持ちを表してから断るほうが、角が立ちません。

　ビジネス・シーンでたびたび発生する「お願い事」や「依頼」、そして「断らなくてはならない」シチュエーションなど、どんな場合もこのクッション言葉が役に立ちます。

　日本語でも、文章の冒頭に「恐れ入りますが」「お手数をおかけしますが」「あいにくですが」「まことに残念ですが」といった相手を気遣う言葉を入れて丁寧さや礼儀正しさを表しますね。

また、依頼されたことを断るときや、相手にとって好ましくないことを伝えるときも「申し訳ありませんが」や「残念ですが」「あいにくではございますが」などのクッション言葉で、相手への配慮を示します。

　これが日本語のクッション言葉です。

　クッション言葉は、まさに文章をやわらかいクッションで包み込むイメージ。相手に心の準備をしてもらってから伝える「言葉の思いやり」になります。これはコミュニケーションを円滑に進めるのに大きな効果があります。

　たとえば、
I don't agree.「同意しません」や
I can't.「できません」といきなり言うよりも、冒頭に以下のようなクッション言葉を加えると角が立ちません。

It seems to me that...「私には〜のように思われますが」
Basically, I agree with you, but...「おおむね同意しますが〜」
などです。

　断りの言葉を述べなくてはならないときは、
I'm afraid that...「申し訳ないですが」
Unfortunately...「残念ではございますが」
I understand that..., but...「〜と承知しておりますが」
などのフレーズが、次に来る知らせや依頼の前に心の準備をしてもらうためのクッション言葉です。

　覚えておきたいクッション言葉は、とても重要なポイントなのでP88に一覧にしておきます。参考にしてください。

75

私が働いてきたゴールドマン・サックスでは、仕事がうまくいっている、信頼されている人は、相手に気を遣いながらも "get things done"――きちんと物事をやり遂げ終わらせていました。

　同僚や上司、クライアントと人間関係が上手くいっているからとはいえ、すべてのことに Yes というわけではなく、断るときは曖昧にせず、きちんと断ります。

　日本語には「それは難しいです」という婉曲的な断りの表現がありますが、これを直訳してThat would be difficult. と言っても、「できません」ではなく「難しいけどやってみます」と受け取られるかもしれません。

　この英文には「できないかもしれない」「できません」という意味合いが含まれないので、「やる」ことを前提に、「難しい」と言っているように捉えられてしまいます。

　ビジネスには断らなくてはならない状況がつきものですから、相手の誤解を招くような曖昧な断り方は禁物です。

I'm sorry but I'm not able to help.
「申し訳ありませんが、お役に立てません」
We regret that we are unable to accept the proposal.
「残念ながらご提案はお受けしかねます」
などと、残念な気持ちを伝えながらも、はっきりと断るほうが、相手を「結局答えはどうなのだろう？」と迷わせたり待たせたりせず、結果的に相手のためにもなります。

　はっきりと断ると相手が気を悪くするかもしれない、人間関係が悪化するかもしれないと思って曖昧な答え方をすると、誤解を招いたり、かえって相手を悩ませたりして、貴重な時間を浪費してしまいます。

クッション言葉を使って、残念な気持ちや前向きに考えたことを伝えながらも、相手が迷わないような表現で明確に断ることが大切です。

　ゴールドマン・サックスでは、新卒の新入社員でも、
You're considered a professional from Day 1.
「入社初日から（社内外から）プロフェッショナルとして見られます」と言われます。
　責任感を感じさせる厳しいひと言のように聞こえるかもしれませんが、それだけ信用・信頼されている証です。
　会社の業績に貢献してほしいという期待のこもった言葉と受け止めて、新入社員だからと遠慮せず、どんどん意見やアイディアを出さなければいけません。

　何年か前の会議の席で、部署のトップによるスピーチを聞く機会があったのですが、印象的だった言葉が、
You don't always have to agree with your boss.
「必ずしも上司と同意する／同じ意見をもつ必要はない」というものでした。
　これも、「ミーティングに出席するからには自分の意見を発言せよ」という欧米企業に共通のメッセージです。
　ゴールドマン・サックスをはじめ、多くの外資系企業は、思考の多様性を大事にし、受け入れます。たとえ上司の考えと部下の考えが違っても、そこから新しくよりよいアイディアが生まれ、会社の成長にもつながるという前向きな考え方をするのです。

　もうひとつ、働くなかで、think out of the box という表現を何度も耳にしてきました。

77

これは「枠にはまった考え方、既存の価値観に縛られない考え方をしよう」との意味ですが、外資系のグローバル企業はどこもそのように、想像力や個性を生かした考え方ができる人が歓迎されます。考え方のダイバーシティというのは、外資系企業で働いてはじめて気づかされたことでした。

　このように、個々が自分の意見をもち、それを共有するのが歓迎される環境で信頼を得て活躍している人は、周りに気を配りながら、丁寧かつ明確・簡潔に自分の意見を発信し、物事を進める優秀なビジネスパーソンたちです。

　そんな人たちのなかで、謙虚に振る舞いすぎてしまったり、自信がないような発言をしてしまったら、せっかく共有できたはずの意見や、提供できたかもしれない「価値」を自ら捨ててしまうことになります。それはあまりにもったいないことです。

　この点は、謙虚さが美徳とされる日本で、日本人が気をつけなくてはならないことだと思います。

　また逆に、英語だからと直接的な言い方をしたり、失礼ととられる表現を使って誤解を招くこともあります。
　どちらも英語が母国語でない方々の陥りやすい点として、心に留め続けていただきたいです。

　それから、相槌の打ち方にも違いはあります。日本人同士の会話では「はい、……はい、……はい」と相手の話を聞きながら相槌を打つ習慣があります。その習慣を、英語を話すときにも用いて"Yes... Yes... Yes."と言いながら相槌を打っていると、すべてを理解し、承諾したと受け取られてしまう可能性があります。相槌を打つなら、相手の目を見つめてアイ・コンタクトをとりながら

"I see, mm-hmm" とうなずきます。

　また、英語のコミュニケーションでなかなかマスターしにくいのが、日本語との「リズム」や「間合い」の違いです。

　この面で優れたスキルを身につけるには、単語やフレーズを覚えるだけでは足りません。英語で話す人のコミュニケーションに注目しながら、間合いやリズム、会話の流れ・フローなどにも意識を向けてみましょう。

Chapter 3 信頼される人の英語表現
example 01 **上司からの頼み事を断る場合**

Q:"Would you be able to help me prepare for the meeting this afternoon?"

午後、会議の準備を手伝っていただけませんか?

No, I can't.／I can't help you.

いいえ、できません／お手伝いできません

I would if I could, but I'm afraid I have to work on something urgent.

できればお手伝いしたいのですが、
緊急でやらなければならない仕事があるのです

ここで学べるフレーズ

I would if I could, but I'm afraid...
できればやりたいのですが、残念ですがどうしても〜(できません)

[例文] I would go if I could, but I'm afraid I have already have an appointment that day.

できればうかがいたいのですが、その日にはすでに別のアポイントメントを入れてしまいました。

[解説]
ただ一言 "I can't." と答えてしまうと、ぶっきらぼうに聞こえてしまいます。まず "I would if I could" と、可能なら行きたい(やりたい)気持ちを伝え、同時に、"I'm afraid..." と自分の心苦しさを伝えましょう。"I'm afraid..." の後には相手の希望に添えない理由を述べましょう。

80

ポイント

断るだけではなく
「できない理由」も丁寧に伝える

何かを依頼されて、断らなくてはならない状況に直面したときは、角が立たないように配慮しなくてはなりません。また、断った後に自分がどのような対処をするつもりかも述べることができれば、なお丁寧です。

I'm sorry, but I have to finish this by three o'clock. Can I help you afterwards?
「申し訳ないのですが、これを3時までに終わらせなくてはなりません。その後お手伝いするのでもいいですか?」

また、断る際には Unfortunately, などのクッション言葉を使い、心苦しさを伝えるのがよいでしょう。

Unfortunately, I have to run to a meeting right now.
「残念ながら、いまミーティングに急いで行かないといけないんです」

Chapter 3 信頼される人の英語表現
example 02 **印象に残す自分の意見の言い方**

I disagree. ／ I don't agree.

同意しかねます／私はそうは思わない

I certainly appreciate what you're saying. Another way to look at it is...

おっしゃっていることはわかります
（でも）別の見方をすれば～

ここで学べるフレーズ

I certainly appreciate what you're saying.
おっしゃっていることはわかります

Another way to look at it is...
別の見方をすれば～

【解説】
「反対です」「賛成できません」とダイレクトに言われると否定された気持ちになるものです。まずは相手の意見を認めた上で、自分の意見を述べるのがよいでしょう。上記のふたつのフレーズを使えば、相手の言ったことを受け止めつつ、他の可能性を提案するニュアンスで意見を述べることができます。

ポイント

クッション言葉で
反対意見を丁寧に述べる

反論の言葉を冷たく言い放つ例と、角が立たないように
述べる例を比較してみましょう。

I disagree.
「同意しません」は、相手を否定しています。
I think you're wrong.
「あなたは間違っている」も、相手を責めているニュアン
スです。

いっぽう、ネガティブな単語は使わずに、
I see your point. That's one way to look at it, but...
「あなたのおっしゃることはわかります。それもひとつ
の見方ですが〜」とすると、相手を責めることなく意見
を伝えられます。ほかにも、

I'm afraid I have a different opinion on that.
「申し訳ないですが私は違う意見をもっています」
I'm not sure about that.
「よくわかりません」
という表現をすると角が立ちません。

「I see... / I understand... などの肯定文」+「ですが
〜(自分の意見は違うことを示す)」といったコンビネー
ションがおすすめです。

Chapter 3 信頼される人の英語表現
example 03 「無理です」をやんわり伝える方法

I can't finish this by tomorrow.

これ、明日までに終わらないよ

I may need a bit more time to work on this. Is it possible to submit it to you early next week?

これを仕上げるまでにもう少し時間がかかりそうです
来週早々に提出するということでもよろしいですか?

ここで学べるフレーズ

Is it possible to...? (Would it be possible to...?)
～は可能ですか?

[例文1] Is it possible to ask you to draw up a project plan by tomorrow?
明日までにプロジェクト企画を起案していただくことは可能ですか?

[例文2] Would it be possible to ask you to translate this contract into English?
この契約書を英語に翻訳していただくことは可能ですか?

【解説】
"please..."「～してください」よりも「～していただくことは可能ですか?」のように、相手の都合を考慮し、相手に断る自由と余地を与えながらお願いできる表現です。

ポイント

期待に応えられないときの
気遣いのあるメール

仕事のなかでどうしても発生してしまうのが、相手の要望に満足に応えられないシチュエーション。締め切りに間に合わせることができない場合や、引き受けられない仕事をお断りする場合、できるだけポジティブな表現を使うことをおすすめします。

P84の例文も、ただ「締め切りに間に合わない」とネガティブな内容を報告するのではなく、ポジティブに新たな締め切り日を尋ね、仕事を遂行する意思があることを表しています。

ほかにも問い合わせが来たときに、
I am not the contact person for your inquiry.
「私はあなたの問い合わせ担当ではありません」
ではなく、
I'm afraid the contact person for your inquiry would be someone in the Compliance Department. I will forward your inquiry to them.
「恐れ入りますが、あなたのお問い合わせにはコンプライアンス部の担当者がお答えいたします。彼らにあなたのお問い合わせを伝えておきます」

このように最後にあなたがフォローできることを加えると、なお親切な対応になります。

English Column

「よろしくお願いします」と「お疲れさま」

英語の挨拶言葉には残念なことに「よろしくお願いします」「お疲れさま」のようなオールマイティな言葉がありません。文化や考え方の違いで、英語に直訳できない言葉があります。以下にビジネスでよく使う挨拶言葉を場面ごとに紹介します。

◎よろしくお願いします

いろいろな場面で使えるフレーズ

Thank you again.「改めまして、ありがとうございます」
（すでに感謝を伝えた後に、改めて感謝の気持ちを伝える）

See you next time.「また次回お会いしましょう」

初対面や同じプロジェクトで働くとき

It's a pleasure to meet you.「お会いできてよかったです」

I look forward to working with you.「あなたとお仕事をご一緒できるのを楽しみにしています」

メールの返事がほしいとき

I look forward to your reply.「お返事をお待ちしています」

I hope to hear from you soon.「近々お返事いただけますと幸いです」

協力を仰ぎたいとき

I'm sorry for the inconvenience, but I would greatly appreciate your kind cooperation. 「ご不便をおかけして申し訳ありませんが、ご協力いただけると幸いに存じます」

I would greatly appreciate your cooperation. 「ご協力のほどよろしくお願いいたします」

◎お疲れさま

上司から部下、先輩から後輩へ

Thank you for your hard work. 「頑張ってくれてありがとう」

Thank you for working (または staying) late. 「遅くまでご苦労さま」

Great job today! 「今日はよくやったよ！」

上下に関係なく使えるフレーズ

See you tomorrow. 「また明日」

◎お先に失礼します

特に用事がないとき（通常の挨拶でOK）

See you tomorrow. 「また明日」

Have a nice weekend! 「よい週末を！」

特別な理由で早退するとき

Please excuse me for leaving early, but I have a doctor's appointment today. 「病院に行くので、今日は早めに失礼させていただきます」

English Column

覚えておきたいクッション言葉

話題を変える
by the way「ところで」

元の話題に戻す
anyway (as I was saying)「それはそうと(先ほど申し上げたように)」

順番を示す
first, … ; second, … / firstly, … ; secondly, …「最初に、2番目に」
first, … ; next, … ; finally, …「最初に〜、次に〜、最後に〜」

同意を示す
I believe so. / I believe that's right. / That's correct.
「その通りです」

例をあげる
for example「たとえば」
in this case / in the event that (this happens)…「〜の場合は」

追加する
in addition「さらに」
not only A but also B「AだけでなくBも」

結果を説明する

for this reason / as a result / because of this「結果として」
all things considered / in conclusion / therefore「したがって」

まとめる

in conclusion / in summary / so「つまり」 *soはカジュアル
to make a long story short「簡潔に説明すると」
to sum up「まとめると」
the bottom line is that「要するに」

事実を述べる

actually / in fact「つまり」

反対のことを説明する

however「しかしながら」
instead「その代わり」
in spite of... / despite...「〜にもかかわらず」
still / even then「とはいえ」
on the contrary / in contrast / on the other hand「一方」

理由を説明する

since... / that's because... / because of...「〜なので」
actually「実は」
in order to...「〜するために」

English Column

断る・残念なことを伝える
I'm afraid that... 「申し訳ないですが〜」
Unfortunately, ... 「あいにく（残念）ではございますが〜」

依頼する
I was wondering if (you could)...
「もしよろしければ、〜できますか？」
I am sorry to trouble you, but...
「お手数をおかけしますが」
I hate to ask you to do this, but...
「お願いするのは心苦しいですが」

意見を述べる
It seems (to me) that... 「私には〜のように思われます」

反論する
I'm not sure about that.
「私にはそれが確かかわかりかねます」
I understand (realize) that..., but...
「〜と承知しておりますが」
Another way to look at it is... 「別の見方をすれば」
That may be true, but... 「それは正しいかもしれませんが」

Business Manners Column

上司・目上の人の依頼を断るときの心得

　断らなくてはならない相手が上司の場合は、さらにプレッシャーがかかります。
No, I can't. のひと言で断るのは勿論もってのほか。まずは、
I'm afraid, ... 、I'm sorry, ... 、Unfortunately, ... など「あいにくですが」「ごめんなさい」「残念ながら」といったクッション言葉を使って相手にお詫びの気持ちを表してから、断りの言葉を述べましょう。
I'm sorry, but would it be possible to get it to you around noon instead?
「申し訳ありませんが、代わりに昼ごろに対応させていただくことは可能でしょうか？」と、断りの後に自分に可能な「前向きな提案」を伝えると、上司も先の仕事の進め方を予測して、指示することができます。

何か企画の提案を受けたときのメールでの断り方は、
I regret that we are unable to accept the proposal.
「ご提案を受けることができず、申し訳ないと思っております」
However, I feel sure that your proposal has appeal and that another company would be interested in it.
「しかし、御社のご提案は魅力があり、他の会社が興味をもつだろうと確信しております」
などを加えて丁寧に伝えましょう。

English Column

その英語、「違和感」があります

日本語にも口語体と文語体があるように、英語にも会話でしか使わない言い方と、メールでしか使わない表現があります。

たとえば、プレゼンテーションのときによく気づくのですが、「この人は、原稿に書いたものをそのまま暗記しているな」と感じることがあります。

しっかり準備をされているのは素晴らしいことですが、文語表現のままで話し言葉になっていないのです。

たとえば英語の論文では、話の転換点で however「しかしながら」をよく使います。

しかし、この however を会話で使うと、ちょっと違和感があります。その代わりに、on the other hand などがよいでしょう。

会話と文章の違いをどこで見分けるか、使い分けるかの判断は難しいですが、聞き慣れて覚えていただくしかありません。

たとえば会話では、furthermore「さらに」といった教科書から抜き出したような単語はあまり使いません。

話し言葉では、in addition / also / besides などが適切です。

最近は英語を学ぶための本がたくさん出版されていて、「ネイティブの人はこの言い方はしません」といった解説が山ほど書かれています。

　でも、ネイティブ偏重の本を読み過ぎて「もう、どう話していいかわからない」となってしまっては気の毒です。

　それに、ネイティブの人は日本の皆さんに「ネイティブ寄りの」英語を求めていませんし、今はグローバルな時代なので、仕事ではネイティブではない人のほうが多い場合だってあります。

　「ネイティブはどう言うか」にとらわれ過ぎず、表現する気持ちを大事にしてほしいと思います。

　ご自身の伝えたいことを、簡潔に、丁寧に伝える訓練を積むことが大切です。

Chapter**4**

日常的な英語を
ワンランクUPする

日常的な英語をワンランクUPする

　この章では Thank you. や I'm sorry. といった日常的な英語を丁寧かつスマートに伝える方法をお伝えいたします。ここでまずおさえておきたいのが、日本と海外の文化的背景の違いです。

　たとえば日本語では、誰かに何かをしてもらったときや、物事を尋ねるときに「すみません」という単語を頻繁に使います。しかしそれを英語に直訳して I'm sorry や Excuse me を連発すると、かえって不誠実な印象をもたれてしまう可能性があります。

　ビジネスの場に限らず、日常的な人間関係においても日本では「謙虚さ」と「へりくだった態度」が丁寧とされますが、その「へりくだった態度」を英語に直訳すると、意味が通じないことがあり、かえって失礼な印象をもたれてしまうこともあるのです。

　こんな例もあります。

　たとえば、誰かの家を訪問するとき、持参した手土産を出しながら、This is an insignificant thing, but...
「つまらないものですが〜」と謙遜の言葉で渡すのを聞いたとしたら「どうしてつまらないと思っている物をくれるの?」と思われるかもしれません。英語では、This is for you.「これはあなたに（お土産）です」さらに、I saw this at a store in Kyoto and thought of you. I hope you like it.「京都のお土産屋さんでこれを見て、あなたのことを思い出しました。気に入っていただけると嬉しいです」と言えば相手を大切にしている気持ちが伝わります。This is a souvenir from Kyoto. I hope you like it.「これは

京都のお土産です。気に入っていただけると嬉しいです」でも十分です。

　これをビジネスの場面に当てはめると、謙遜のつもりで、I'm not sure, but...「確信がないんだけど〜」と言うと、自信がないように見えて、信頼にはつながりません。

　あまりへりくだると嘘っぽく感じられますし、謙遜しすぎると、自信のない人とは一緒に仕事をしたくないと思われてしまいます。

　この違いを別の角度から分析すると、日本は「ハイコンテクスト文化」であるのに対して、英語を話す文化は「ローコンテクスト文化」という違いがあるといわれます。

　「ハイコンテクスト」とはコミュニケーションをとるときに「コンテクスト（文脈）」に頼る傾向が強いという意味です。「空気を読む」「察する」「以心伝心」という言葉に象徴されるように、雰囲気や感情、共通する文化や認識などといった非言語的要素によって意図を伝える、つまり明文化されない暗黙の了解やルールが存在します。そして聞き手も、それをくみとって意図を理解することが求められます。

　いっぽう、グローバル社会ではさまざまな文化や背景、認識をもつ人びとが一緒に生活や仕事をしているため、より直接的に言語化することを意識しないと伝わりません。特に欧米の社会は、言葉によるコミュニケーションに重きを置くローコンテクストな文化です。言葉の裏の意味を暗に伝えようとしても、意味が伝わらず、ビジネスに影響が出てしまうこともあります。

　世界のさまざまな国の人と仕事をする現代、それだけ多様な言語や文化背景をもつ人とコミュニケーションをとることになるので、文化の違いによるビジネス・コミュニケーションの注意点を理解しておくのも大事なことだと思います。

Chapter 4
tip 01

「ありがとう」をカスタマイズする

　　お礼の言葉は、皆さんご存知の通り「ありがとう」です
が、感謝の気持ちを伝えるのに、このひと言だけでは少し
物足りない気がします。
　　たとえば、夜遅くまで会社に残ってプレゼンテーションの準
備を手伝ってくれた人に Thank you. のひと言だけでは、
落ちたペンを拾ってもらったときのお礼のような言い方で、感
謝の気持ちを十分に伝えられていません。

　　いっぽう、感謝の気持ちがあふれ過ぎて Thank you.
を何度も繰り返す人もいますが、回数の多さでこちらの誠
意が増幅して伝わるわけでもありません。
　　気持ちを込めて伝えるなら、Thank you. の繰り返しで
はなく、別の表現で伝えられたらよいですね。

Thank you for your help.
意味としては「ありがとうございます」ですが、for your
help を加えるだけで、形式的・機械的な印象が弱まり、何
に感謝しているのかが具体的になります。また話し手の人
間味も伝わります。

I greatly appreciate your support.
「あなたの協力にとても感謝しています」
Thank you. を使わなくても十分気持ちの伝わる、大人の
表現です。

感謝を伝える他の言い回しとしては、
I really appreciate your help today.
「今日はお手伝いいただき、本当に感謝しています」

Thank you very much for your kind words. It means a lot to me.
「優しいお言葉をありがとうございます。とても心に響いています」

It means a lot to me.
「私にとってとても意味があります、とてもうれしいです／心に響いています」

といったニュアンスをもつ、心の込もった表現がおすすめです。

　ただし、シンプルな行為に対してオーバーな感謝の言葉を使うと、かえって誠実さを欠く印象を与えかねません。隣の人がペンを拾ってくれたのに対して、

Thank you very much. I am deeply indebted to you.
「大変ありがたく思います。とてつもなく恩を感じます」
ここまで言うと違和感があります。

　感謝を表す言葉のいくつもの組み合わせを覚えて、その都度調整しましょう。

「ごめんなさい」をカスタマイズする

　日本語の「すみません」や「ごめんなさい」は幅広く使われていて、人とぶつかったときからドアを開けてもらったときなど、迷惑をかけたときやお礼のかわりとしても使われます。一方、英語では謝らなくてもよいシチュエーションでむやみに sorry を使うとかえって不誠実な印象をもたれます。逆にきちんと謝罪をすべき場面では、その重みを伝えられなければいけません。

　仕事で失敗や過ちをおかしたとき、英語で謝罪する際のポイントは、

①謝罪の言葉を述べる
②失敗と責任を認め、理由や原因を伝える
③同じ失敗を繰り返さないことを述べる
④責任の取り方や、今後の対応プランを伝える
の4点です。

　軽いミスをおかしたときに、
"Sorry." というひと言だけでは素っ気なく、あなたの誠意が伝わりません。
　また、"Sorry." を連発したり、

I'm so sorry. I'm very sorry !
「ごめんなさい。ほんとうにごめんなさい！」

と繰り返して大袈裟に言っても、かえって胡散臭く受け取られてしまいます。

逆に、重大な過ちをおかしたときも、"I'm sorry." のひと言ですませるだけでは謝罪の気持ちが十分に伝わりません。

このようにお詫びの丁寧さの度合いやあんばいは、たいへん難しいものです。

返事が遅れた程度のミスを詫びる場合は、

I'm sorry for my late reply.
「返事が遅くなって申し訳ありません」

とP100の①だけで許されるでしょう。

ですが、きちんと謝りたいときは、②③④を加えることをおすすめします。

I realized I made a mistake when I told you the date of the meeting. The correct date is May 3rd. I'm sorry for the mistake.
「私がお伝えした会議の日が間違っていました。正しくは５月３日です。私の誤りをお詫びいたします」

これだけ丁寧に伝えれば、謝罪の気持ちは伝わります。

最後にもう一度、下記のような言葉を添えるのもよいでしょう。

Again, I'm sorry for my mistake.
「改めて、間違いをおかしてしまって申し訳ございません」

I apologize for the inconvenience.
「ご迷惑をおかけしましたこと、お詫びいたします」

101

Chapter 4
tip 03

丁寧な英語は自然と長くなる

　ゴールドマン・サックスには有能な社員がたくさんいましたが、彼らはコミュニケーションにおいてもプロフェッショナルでした。

　そして、彼らのようにコミュニケーション能力に長けた人たちは、話し方やメールでの伝え方において、以下のような共通点がありました。

① 簡潔で短い
② ドライ過ぎず人間味がある
③ 丁寧で気を遣っている
④ 大人らしく、品がある

　特に、誰かにお願い事や頼み事をするときは、お願いする内容の「簡潔さ」と、頼む人の「人間味」と「丁寧さ」のすべてがそろうと、気遣いのある表現になり、相手もあなたの頼み事を快く受け入れたくなるでしょう。

　そして彼らは、ことコミュニケーションにおいて、必要とあれば、臨機応変に①〜④の調節ができる人たちでもありました。

　ビジネス英語は「簡潔」にするのがよいと言われますが、その場に応じて丁寧な表現をするとなると、補う単語やフ

レーズが増えて、どうしても長くなります。それでも彼ら
は、要点をしっかりとおさえながら、プロフェッショナル
で丁寧な言葉を使って物事を伝えていました。

「失礼」「カジュアルすぎる」「直接的すぎる」といったス
ムーズなコミュニケーションの「障害物」を取り除き、伝え
たいことをきちんと丁寧に伝えることを意識しましょう。

ここで重大なミスをおかした際の謝罪文を例に見てみま
しょう。お詫びとその原因と今後の対応についての例です。

There were several things that needed to be
confirmed, and one had taken more time than
expected.
「確認が必要な点がいくつかあり、思いのほか時間がか
かってしまいました」
We will make sure to update you on the status
and not keep you waiting next time.
Again, we apologize for the inconvenience this
may have caused.
「また状況をお知らせいたしますとともに、次回はこのよ
うにお待たせすることはないようにいたします。またご不
便をおかけしてしまったこと、お詫びいたします」

これはメールや文書による謝罪文の例です。「あまり長
文だと言い訳がましいと取られるのでは？」と心配される
方もいますが、少し長くなっても原因や今後の対応を伝え
たほうが、相手はあなたの誠意を感じ、納得してくれます。

Chapter 4
tip 04

お願い事や頼み事は
リクエスト形式で言う

　　声のトーンや話す速度を変えるだけでなく、単語の組み
合わせや、冒頭に置くクッション言葉などで調節するの
が、英語における「敬語的表現」です。
　　丁寧さを示すための工夫と調節の仕方として、以下の5
つの方法を覚えておくと便利なのでご紹介します。

①お願い・依頼はリクエスト形式で言う
②クッション言葉を使う
③つなぎ言葉を使う
④単語を「格上げ」する
⑤波で変化をつける

まずは①のリクエスト形式について説明しましょう。

お願いごとや頼みごとをするときは、
Please...「～ してください」や、
I want...「～してほしい」よりも、

Could you...?
Would you...?
「～ していただけませんか？」とリクエスト形式で言うほ
うが丁寧です。

104

Would you please...? や、

Would it be possible (to)...? と言うとさらに丁寧になります。

また、どちらも「〜していただけますか?」ですが、

Could you...? は Can you...? よりも、

Would you...? は Will you...? よりも丁寧な表現です。

Could you...? は、可能性を問う聞き方で、相手に断るという選択肢を残す尋ね方です。

Would you...? は、相手の意思を聞く問い方で、相手は断る可能性を狭められた気持ちになります。

　ここでリクエスト形式でお願いするときの丁寧さの度合いを以下の例文で比較してみましょう。

Can you help me check for any mistakes?
「間違いをチェックしてもらえるかな?」
これは Can you...? で始まっていてカジュアルな表現です。

I'd really appreciate it if you could check for any mistakes.
「間違いをチェックしていただけると助かります」
これで一段と丁寧な言い方になりました。

Could you spare me a few minutes to check for any mistakes?
「間違いをチェックしていただきたいのですが、少しお時間よろしいでしょうか?」
リクエスト形式にしてさらに丁寧レベルが上がりました。
文頭のフレーズをぜひ覚えてください。

Chapter 4 tip 05
「格上げ」単語を使って よりスマートに

　ここまでは英語の「敬語」を、クッション言葉やつなぎ言葉を用いたり、言葉の組み合わせを調節して表現する方法を紹介しましたが、ここでは知性や教養、品格を示すことができる「格上げ」単語を使って会話をアップグレードする方法をお話しします。

　高校生のころ、父とハワイに旅行したとき、こんなことがありました。
　ふたりで店に入って買い物をしていたとき、店員さんが父に「失礼ですが、大学の先生ですか？」と聞いてきました。父が「どうしてわかったのですか？」と聞くと、私と話しているときの言葉遣いや落ちついた声のトーンが先生らしいからだと言われました。たしかに父は大学の教授で、職業柄、難しい言葉を使うことがあります。
　「知性は言葉に現れる」との格言通り、ここで紹介する格上げ単語はさりげなく自分の知性を表現する役割も果たします。

「この書類を午後のプレゼンテーションで配ってください」
△ Please hand out these materials at the presentation this afternoon.
○ Would you please distribute these materials at the presentation this afternoon?

「コンプライアンスに関して、否定的な結果が生じるでしょう」

△ There will be negative results / negative outcomes compliance violations.

○ There will be negative consequences to compliance violations.

「今週金曜日の昼食会に行きます」

△ I will go to the luncheon this Friday.

○ I plan to attend the luncheon this Friday.

「それについて詳しく教えていただけますか？」

△ Would you please describe that in detail?

○ Would you please elaborate on that?

「このグラフは、第3四半期の売り上げが減少したことを示しています」

△ This graph shows that there was a decline in sales in the third quarter.

○ This graph illustrates the decline in sales in the third quarter.

もちろん△の言い方もすべて正しい英語です。

しかし、ご覧のように「格上げ」言葉はコンパクトで、△の文章では2～3単語使っているところを、1単語で簡潔にかつシャープに表現できています。

　次のページでそんな「格上げ」言葉を紹介します。

107

言い換えるだけで印象がアップする格上げ単語

和文	単語（△）	格上げ単語（○）
行く、参加する、出席する	go to	**attend**
助ける、手伝う	help	**assist**
はっきりさせる、明確にする	make clear	**clarify**
聞く、問い合わせる	ask	**inquire**
頼む、お願いする	ask a favor	**request**
課題、問題、〜の件	problem	**issue**
フォームなどを記入する	fill out	**complete (a form)**
〜について述べる	say something about	**comment on**
ポイントなどを強調する	strengthen	**highlight (the point)**
〜について詳述する	describe in detail	**elaborate on**
参照する	see	**refer to**
必要とする	need	**require**
配る	hand out	**distribute**
交渉する	work out	**negotiate**
延長する	put off	**postpone**
買う	buy	**purchase**

Chapter 4
tip 06

話し方に「波」をつくって
パーソナリティーを出す

　さて、ここまではビジネス英語に必要な「丁寧さ」と、「礼儀正しさ」について多くのページを割いてきました。

　しかし、あまりに丁寧過ぎて、「堅苦しい人」「冷たい人」と思われても困りますね。職場や得意先の人と良好な人間関係を築くには、失礼のない程度に「親しみやすさ」を示すことも必要です。ここでは丁寧な表現の中に、時おりフレンドリーな言い方を交え、丁寧さのレベルの「波」をつくることで、あなたの会話がより自然になる方法をお教えします。

① A: Thank you very much for your time today.
　　「今日はお時間いただきありがとうございました」
　 B: It's my pleasure. I'm glad we can work
　　together again.
　　「喜んで。また一緒にお仕事できて嬉しいです」

② A: We have a meeting scheduled at the same
　　time next week. Would you be available to
　　have lunch together after we finish?
　　「また来週の同じ時間にミーティングが予定されて
　　います。その後ランチをご一緒できればと思う
　　のですが、ご都合はいかがですか？」

109

B: Yes, and I'd be delighted to join you.
「はい、空いているので、ぜひ」

③ A: Great! There are a few restaurants in this area that I'd like to recommend.
「よかったです！　この辺におすすめのレストランがいくつかありますよ」

B: That would be very nice. I'm already looking forward to it.
「よいですね。もうすでに楽しみです」

④ A: Me too. I'll see you next week, then.
「私もです。では、来週」

B: Yes, see you next week. I hope you have a nice day.
「はい。では、来週。よい1日を」

A: Thank you, and the same to you.
「ありがとうございます。そして、そちらも（よい1日を）」

　①②では丁寧な言い方をしていたのが、③ではカジュアルな表現で親しみを出し、④ではさらに親密な関係で別れる。これが自然な会話の「波」です。

　ずっと丁寧な言葉が続くと、かしこまり過ぎた印象を与えますから、時おり"I will"を"I'll"と言うなど、波をつくって自然な会話になるような工夫も大切です。

　このようにして、丁寧なコミュニケーションは「総括的に」決まります。ただ、カジュアルでくだけすぎた表現が続くと失礼になる場合があるので、「時おり」親しみやすさを交えて調節する、少し高度な方法です。その調節が難し

いですが、英語を母語としている人びとの会話を聞いて、「波」の変化を聞き取るスキルを身につけるためにも、ぜひ楽しみながら挑戦してください。

あなたの英語をワンランク上げるために、頑張ってボキャブラリーを増やす必要はありません。中学や高校のときに習ったやさしい単語を、組み合わせを工夫することで、簡単に丁寧で、品格と知性のある英語にできます。

① 本書で紹介したクッション言葉やつなぎ言葉を覚える。

② 「丁寧だな」と思う英文メールを、ご自身の「テンプレート集」に加える。

③ 「この人の英語はプロフェッショナルで丁寧だな」と思う人がいたら、その人の使う表現に注目する。

④ 英会話の番組やニュースで聞いたフレーズを真似てみる。

などをおすすめします。

Chapter 4
tip 07

その英語、「意味不明」です！

　「よろしくお願いします」や「お疲れさま」のように、英語には日本語で言うところの挨拶言葉に相当するものがない場合があるとお話ししました。
　同じように日本語でよく使われる「検討します」や「もち帰ります」も同じようなニュアンスの英語の言葉はありません。

　日本語でよく使う「検討します」もそのまま直訳すると意味が通じません。
I'll think about it.「考えます」が直訳ですが、
英語圏の人にとっては、「前向きに考えてくれるのか、断るつもりなのか」が判然としません。

　ビジネスの場では相手の誤解を招くような言い方は極力避けるべきなので、難しいなら "No"、ほんとうに考えたいなら、

I'll think about it and get back to you tomorrow.
「考えて明日返事をします」や、

I'll get back you on this.
「お返事します／折り返します」とはっきりと伝えます。

私のアメリカ人の仕事仲間は、最近「検討します」の意味を理解し、この言葉が便利だと思ったようで、日本のビジネス・シーンでよく「検討します」を使っています。

　ただビジネスでは特に、曖昧さを残さず、こちらの意図を伝えるほうが、時間の無駄も曖昧さも防ぐことができて効率的です。

　「いったん社にもち帰ります」という日本でよく使われるビジネス用語も、そのまま直訳すると、意味不明と言われます。英語で言うなら、

I'll discuss with my manager. / I'll discuss with my team on this.となります。

　それを別の表現で言えば、

I'm afraid I can't answer right now, but I will get back to you after confirming with my team.

「申し訳ありませんが今はお返事できません。でも私のチームの者と相談した上でお返事します」

という言い方になります。

以下の2例も失礼にはなりません。

Let me think about it.

「考えさせてください」

I would like to give it some thought.

「少し考えさせてください」

などもおすすめします。

「会社員」って誰のこと？

　日本の職場では、会話でもメールでも、「社長」「部長」「課長」などと、その人の肩書で呼ぶのが一般的です。しかし、英語では、肩書で呼ぶことはありません。欧米では社内で互いを呼び合うときは、地位に関係なく名前を使います。

　欧米の人びとは、どんなに偉い人でも、もし社長がブライアンという名前なら、社内では「ブライアン」と呼びます。文化の違いと言ってしまえばそれまでですが、呼び方は互いの関係性を築く上でも重要です。

　よく映画やテレビドラマで登場人物が初対面で「僕をファーストネームで呼んでくれ」と言っているシーンがありますね。そのため、「欧米人は名前を呼んでフランクに接するのが一番」と思い込んでいませんか？　でも実際の仕事の現場で、初対面の人をいきなりファーストネームで呼ぶと、違和感をもたれます。

　また、日本には「会社員」とか「社会人」「サラリーマン」というコンセプトがあります。
　よくテレビのニュースで、誰かのことを紹介するとき、「会社員」や「無職」などとテロップが入ります。

外国人がそれを見るととても不思議に思うはずです。

「会社員」という表現は何を伝えたいのか意味がわかりません。特に「無職」という紹介の仕方を不思議に感じます。

その人はかつて大企業の経営者で、リタイアした今は働かなくても食べていける裕福な人かもしれません。でも、その人も「無職」のひと言でくくられてしまう表現は大いに違和感があります。

同じように、ある人の紹介テロップで「元アイドル」とか、「元タレント」と書いてあると「どうして元の職業が必要なんだろう？」と思うこともあります。

特に自己紹介をする場合は、
I am a financial planner.
「職業はファイナンシャル・プランナーです」とか、

I work for a financial firm.
「私は金融企業で働いています」あるいは、

I'm in IT.
「IT業界の仕事をしています」
と、かならず自分の業種を伝えます。

salaried worker（サラリーマン）や company employee（会社員）などは相手にあまり情報が伝わらない表現です。自分の職業には誇りをもって、具体的に伝えましょう。

Chapter 5

品格のある
メールの書き方

品格のあるメールの書き方

　ゴールドマン・サックスで、ある日上司から言われた印象的なセリフがあります。
　「あなたのメールは、明日の朝刊の一面に掲載されても恥ずかしくないものだという自信がありますか？」と。
　手軽に送ることができるメールは、送った相手以外の人に見られたり、何らかの理由で拡散される場合もあるため、注意して書きなさい、と上司はアドバイスしてくれたのでした。
　特にビジネスメールは、自分が所属している組織を代表して書くものであるということを学びました。
　かといって、丁寧な表現を意識するあまり、ビジネスメールで最も大切な「簡潔さ」と「具体性」が軽んじられてはなりません。

　まだ働き始めたばかりのころ、他部署に送るメールはとにかく丁寧でなければと思って、何度も書き直して完璧に作成して送信していました。
　ところが上司から、「この会社では、社内メールに Dear はいらないよ」と注意されてしまったのです。
　社内メールを確認すると、確かにどれも Hi や名前で始まっていて、宛名にも Mr./Ms. などの敬称+ラストネームは使っていませんでした。もっと早く気づくべきことでした。
　このように、自分が所属している組織のスタイルを早く知ることも大事です。

日本語と英語のメールを比べると、常に日本語のメールのほうが長いです。

　「日本人のメールは前置きが長い」という苦情を耳にしたこともあります。挨拶文が丁寧すぎて、本題に入る前に時間がかかりすぎると言うのです。日本の皆さんは「本題から入るのは失礼だ」と考えていらっしゃる方が多いのかもしれませんが、それは誤解です。

　スピードを重んじるビジネスにおいては、「タイム・イズ・マネー」ですから、時候の挨拶や社交辞令を読むのに時間を取られたくありません。Get to the point.「早く用件に入ってくれ」。それが欧米のビジネスの流儀です。

　I hope this email finds you well.「お元気でいらっしゃいますか？」（意訳）

　メール冒頭にこのお決まりの言葉が書いてあると、受け取った人は、内心思っているかもしれません。「そんなのなくてもOKだよ」と。

　たとえクライアントへのメールでも時候の挨拶や、曖昧な表現、わかりにくい言葉は避けて、用件のみをできるだけ短く伝えましょう。

　ただ、簡潔に伝えなければならない半面、丁寧さや情報の不足があってはなりません。

　ビジネスメールに「以心伝心」はないのです。

　「このくらいでわかるだろう」と考えず、省略をしすぎていないか、チェックしてから送信しましょう。

　この章では、一般的なビジネスメールのフォーマットやルール、注意点などを解説します。基本をマスターしたら、あなたの個性や人柄が垣間見えるような工夫ができるとよりよいです。

Chapter 5

一般的なビジネスメールのフォーマット

●宛先(To / Cc / Bcc)

・To＝送る相手

複数の場合は重要人物や最も目上の人から順に入力しましょう。

・Cc (Carbon copy)＝確認や参照用に送る相手

関係のない人をCcに入れて迷惑がかかることのないように注意が必要です。

To と Cc の人の両方に、内容とメールアドレスが知られてよい場合のみに使用しましょう。

・Bcc (Blind carbon copy)＝ To や Cc の相手に、メールアドレスとメールを送っていることを知らせたくない相手

お互いが知り合い同士ではない相手や大勢に送る際は、プライバシーに配慮しましょう。大勢に送る場合は宛名をすべて Bcc に入力して、To は自分(または会社)のアドレス、または空欄、ダミーアドレスやparticipants「参加者」のキーワードを表示することで、顧客やイベント参加者の個人情報漏れを防ぐことができます。

●件名（Subject）

件名は本文を読んでもらえるかどうかを左右する重要な項目なので、工夫が必要です。以下の3点に注意してください。

①本文の内容を反映する

本文の内容をまとめた件名がベストです。また、返信する際は、もとのメールの件名を変えないようにしましょう。形式は「トピック＋目的」がおすすめです。

②長さに注意する

プレビュー画面に入りきる長さで表現しましょう。件名はa や the を省いてもかまいません。文法を完全に守る必要はありません。

③迷惑メールと判断されないようにする

迷惑メールと判断されないと同時に、より相手の注意を引くために Action Required「ご対応のお願い」や Please confirm「ご確認ください」などと件名に記載しましょう。

ただし、Urgent「緊急」や Please Read「必読」、Attention「注意」などと記載してしまうと、迷惑メールと判断される可能性があるので注意が必要です。

ビジネスにおいては"！"（エクスクラメーションマーク）の使用もなるべく避けるべきでしょう。

●件名の参考例

Please advise: New invoice process
「ご意見を：新しい請求書プロセス」

Please review: Draft for monthly newsletter
「ご確認ください：月間ニュースレターの文案」

Invitation: New Hire Lunch
「ご招待：新人昼食会」

Meeting confirmation – September 3
「会議日の決定 ― 9月3日」

Action Required: Year-end Tax Adjustment
「ご対応のお願い：年末税調整」

FYI : Article in the New York Times
「ご参考まで：ニューヨークタイムズの記事です」

Request for updated catalog
「最新カタログの要求」

Please reply – Lunch order for tomorrow's session
「返事をください ― 明日のセッションのためのランチオーダー」

Apology for missed payment
「不払いのお詫び」

Request: Volunteers for Pink Ribbon charity marathon
「募集：ピンクリボン・チャリティマラソンのボランティア」

Please confirm: Attendance to the Compliance Training
「ご確認ください：コンプライアンス研修の出席」

*件名では **the / a** などの冠詞は省いてもよい

（むしろ、短いほうがよい）

●宛名

本文の冒頭に記す宛名は、相手との関係や状況、社内の相手か・社外の相手かによって形式が異なり、会社によってルールがある場合が多いです。

一般的に Dear を使うとフォーマルになるため、クライアントなど社外の人宛てのメールには Dear を使うほうが丁寧です。Hi, はフレンドリーな形式なので、親しい人宛に使いましょう。

Dear Mr. Johnson,（Dear＋敬称＋姓＋カンマ）	高
Dear Kevin,（Dear＋名＋カンマ）	丁寧度
Hi Kevin,（Hi＋名＋カンマ） または Kevin,（名＋カンマ）	低

●敬称

Mr. / Mrs. / Ms. などの敬称を入れると丁寧です。

相手がクライアントの場合は「敬称＋姓」で統一しましょう。Ms. は未婚・既婚の区別がないので無難です。

相手が医師や博士、大学教員などで Dr.（博士）や Prof.（教授、准教授、講師など）の敬称がつく場合は必ず使用しましょう。その他の教員の場合は Mr. / Ms. でOKです。

●カンマ

メールの場合は宛名の名前の後にカンマを入れます。

●注意点

①ファーストネーム：同僚のように、お互いにファーストネームで呼び合う関係性の場合はファーストネームを使いましょう。

②san（さん）：相手が日本人の場合は "Suzuki san" "Suzuki-san" と「さん」付けで呼び合うこともあります。

③Dear ：複数人宛てのメールは、名前を並べるか、多数の場合は Dear all でもよいです。ただ、この表現は相手との間に距離を置いてしまい冷たい印象を与えかねないので、少人数ならできるだけ名前を使用しましょう。

④Dear Sir or Madam：相手の名前と性別が不明な場合に使用します。

ほかに To whom it may concern "関係者各位" も使われますが、送る側が相手について調べる努力を怠っていると受け取られ、失礼にあたる場合があります。

⑤本文の冒頭（beginning）

日本語の時候の挨拶や「お世話になっております」などの決まり文句は不要です。多くの場合、

"Thank you for your email." 「メールをいただきありがとうございます」や、

"This is to inform you that..." 「～についてご連絡いたします」などから始めます。

重要な部分を早めに述べて、相手の読む時間を短縮するのが英語ビジネスメールのマナーです。

次に、覚えておくと便利なフレーズを紹介します。

●添付ファイルがあるときのフレーズ

Please see attached file.
「添付ファイルをご参照ください」

I am sending the meeting minutes from yesterday's board meeting.
「昨日の取締役会の議事録をお送りします」

Please see the attached document for instructions on using the new system.
「新しいシステムの使用に関する添付資料をご覧ください」

●転送するときのフレーズ

メールを転送するときは必ずコメントを添えましょう。

I am forwarding an email from my counterpart in the New York office. Please see below.
「ニューヨーク・オフィスのカウンターパートからのメールを転送します。下記をご参照ください」

*counterpart =ほかの支店や部署で対等の立場にある人

As per below, we have decided to run a series of lectures on business manners.
「下記の通り、ビジネスマナーに関する連続講座を開催することになりました」

I am forwarding you an email with details about the luncheon next week.
「来週の昼食会に関する詳細のメールを転送します」

Please see below for the minutes from yesterday's meeting.
「昨日の会議の議事録は下記をご参照ください」

●結び（conclusion）

最後は挨拶や感謝の意を伝えて、親しみやすい印象で締めくくるとよいでしょう。

返事がほしい場合

I look forward to hearing from you soon.
「近々お返事いただければ幸いです」

意見を求める

Please advise on...
「〜に関してご教示ください」

We would like to hear your thoughts on...
「〜に関してお考えをお聞かせいただければ幸いです」

感謝の意を伝える

Thank you for your continued support.
「引き続きご協力をよろしくお願いします」

Again, I appreciate your assistance with this project.
「このプロジェクトにご尽力いただき、重ねて御礼申し上げます」

その他

Please feel free to contact me at any time.
「いつでもお気軽にご連絡ください」

●結辞

日本の手紙やメールの「敬具」や「草々」にあたる最後の挨拶として、カンマを入れるとよいでしょう。

★★★とても丁寧（very polite）な挨拶

とても丁寧な挨拶	備考
Sincerely yours,	最も丁寧（アメリカ式）
Yours sincerely,	最も丁寧（イギリス式）
Sincerely,	
Best regards,	
Respectfully yours,	手紙で使用
Yours faithfully,	手紙で使用
Cordially yours,	

★★やや丁寧（polite）な挨拶

やや丁寧な挨拶	備考
Best wishes,	
Regards,	
With regards,	
Kind regards,	
Best,	
Many thanks,	

★カジュアル（casual）な挨拶

カジュアルな挨拶	備考
Take care,	メールで使用
Cheers!	イギリス式
Until then,	ではまた（そのときに）
See you then,/ See you soon,	ではまた（そのときに）

●署名（signature）

日本では「会社名・部署名・役職名」の順番が一般的ですが、英語では「役職名・部署名・会社名」と順番が逆です。

相手が返信を送るときに困らないように署名のはじめにMr.やMs.をつけて性別を示す場合もあります。

127

●フォーマットの注意点

フォーマットは職場ごとに決められている場合も多いので、統一性を保つために確かめましょう。フォーマットがない場合は、どのメールにも同じルールを使いましょう。

また、メールはPCだけでなくスマートフォンで読むこともあるので、スクロールする必要がないよう、できるだけ長文は避けたほうが親切です。

●段落

ブロックスタイル（左揃え）とパラグラフスタイル（各段落のはじめに2〜5文字分のスペースを空ける）がありますが、ブロックスタイルが一般的です。その場合は各段落の間に1行分のスペースを空けましょう。

●フォント

日本語のメールは日本語フォントに、英語のメールは英語フォントに必ず統一する。英語のフォントの場合はごく一般的な Times New Roman が安全です。ビジネスでは気取ったフォントを使わないことを心がけます。また強調するために全角大文字にするのは失礼なので避けましょう。

コロン（:）

リストや説明の前に入れます。

例　To create a new folder:「新しいフォルダを作成する方法」（コロン以下に説明文）

　　The required documents are as follows:「必要な書類は次の通りです」（コロン以下に説明文）

セミコロン（;）

ピリオドの代用ですが、後に続く文章との関連性が高い場合に使います。

There are 2 issues to consider; we should talk about this soon.「ふたつの考慮すべき問題点があります。近々話し合いましょう」

スラッシュ（/）

and/or や A/B のように「あるいは」「または」の意味ですが、フォーマルには適さないので、できるだけ接続詞を使うほうがよいです。

× It could be A and/or B.
「AとB、またはAかBのどちらかでしょう」
○ It could be A and B. または It could be A or B.

エクスクラメーションマーク（！）

ビジネスメールは感情を表さず、客観性を保ったほうがよいでしょう。使わないほうが無難です。

●記号

〒、※、～、【】などは日本語のみで使われる記号なので使用しないように注意が必要です。

それでは次のページから、メールの参考文例を紹介します。

Chapter 5 メールの参考文例 01
example 01 資料を請求する

件名　カタログについて ……①

関係者の方へ ……②

弊社は運送サービス会社です。……③
御社のダンボール製品のカタログを送ってくれますか？ ……④
ご都合のよろしいときに返事をください。
　　　　　　　　　　　　　　……⑤

ヤマウチ・コウジより ……⑥

Subject:　Catalog
　　　　　　……①

To Whom It May Concern, ……②

　　　　　　　　　　　……③　　　　　……④
We are a delivery service company. Can you send us a catalog of your cardboard box products? Please respond when it is convenient.
　　　　　　　　　　　　　　……⑤

Koji Yamauchi
……⑥

そのまま使える丁寧なメール文例

「ダンボール製品カタログの依頼」

❶

Request for Cardboard Box Product Catalog

「ご担当者様」

❷

To Sales Manager,
*担当者の名前がわかれば名前を記載

「弊社は運送業務をしている会社で、御社のダンボール製品についてもっと知りたいと考えております」

❸

We are a delivery company, and we would like to know more about your cardboard box products.

「御社の最新のカタログを送ってくださいますか？ 弊社の住所は以下のとおりです」

❹

Would you please send us your latest catalog?
Our mailing address is below. [宛先の住所を記載する]

「お返事をお待ち申し上げております」

5

We look forward to hearing from you.

「よろしくお願いします

6 受注処理部門
ヤマウチ・コウジ」

Best regards,

Koji Yamauchi
Ordering Department

解説

P130の例文は問題はありませんが、少し直接的でぶっきらぼうで、ドライです。

特に次の点があげられます。

1) 依頼は質問形式だが、Can you...? の表現で、「やってくれる？」といったニュアンス

2) Please respond... は please が入っているが、一方的

3) Sincerely, Regards, などの言葉（結辞）がない

丁寧にするとP131～132の例のようになります。

改善点は次のとおりです。

1) メールのタイトルをより具体的にする

2) 商品についてより詳しく知りたいというひと言で人間味が加わり、機械的すぎる印象をなくす

3) 依頼を質問形式にし、Would you please...? の聞き方で丁寧にする

4) 宛先の住所を記載して相手の手間を省く

5) We look forward to... で丁寧に返事や対応を待っていることを伝える

6) 最後に Best regards, と結辞を入れ、会社の部署名も記載する

宛先の住所、宛先の担当者の名前と部署名など必要な情報が記載されていて、相手が調べる手間を省いていますし、全体的に丁寧で品のあるニュアンスになっています。丁寧なメールが長くなるのは一目瞭然です。

Chapter 5 メールの参考文例 02
example 02 見積もりを請求する

件名　お見積もりについて ……①

関係者の方へ ……②
御社のカタログを受け取りました。……③
御社の製品を購入することを考えています。……④
以下の製品のお見積もりを送ってください。……⑤

ACG0001 50
ACG0002 40 ……⑥

ヤマウチ・コウジ ……⑦

Subject:　Estimate ……①

To Whom It May Concern, ……②

We received your catalog. ……③
We are thinking about purchasing your products. ……④
Please send us an estimate for the below products. ……⑤

ACG0001　50
ACG0002　40 ……⑥

Koji Yamauchi ……⑦

そのまま使える丁寧なメール文例

❶
「お見積もりの依頼」

Request for an Estimate

❷
「ジョンソン様（担当者の名前がわかる場合）」

Dear Mr. Johnson,

❸
「御社のカタログを送ってくださり、ありがとうございます」

Thank you for sending us your catalog.

❹
「御社の製品の購入について検討しております」

We are considering purchasing your products.

Chapter 5
example 02

❺

「以下の製品のお見積もりを、お送りいただけますでしょうか？」

Would you please send us an estimate for the following items?

❻

「製品名：ACG0001　数量：50
製品名：ACG0002　数量：40」

Product: ACG0001　Quantity: 50
Product: ACG0002　Quantity: 40

❼

「ご協力ありがとうございます

ヤマウチ・コウジ」

Thank you,

Koji Yamauchi

解説

P134の例文は間違いではありませんが、日本語の直訳的な文章で機械的に聞こえます。

宛名が To Whom It May Concern,「関係者各位」となっており、間違いではないですが、これは総称なのでメールの送信側が担当者や相手について調べる努力をしておらず、関心がないと受け取られる可能性もあります。

言い換えフレーズの例の場合は、最初のメールの返信、または以前コンタクトをした際に担当者の名前がメールに記載されていた、または担当者の名前がウェブサイト上に記載がされていたため名前が書かれています。

特に相手がクライアントである場合や、就職・転職活動中の連絡の際は担当者の名前をできるだけ調べて記載したいところです。

また、商品名と数量を Product、Quantity とラベリングしてあり、より時間をかけて丁寧にメールを書いているのが伝わります。

Chapter 5 example 03 メールの参考文例 03 見積もりを断る

件名　弊社製品の見積もり ①

ヤマウチ・コウジ様 ②
弊社の製品、ACG0001、ACG0002のお見積もりのご依頼についての回答です。 ③
資材が調達できないため、本製品は現在、製造を停止しております。 ④
ご不便をおかけし、すみません。 ⑤
またのご利用をお待ちしております。 ⑥

ダン・ジョンソン ⑦

Subject: Estimate of our products ①

Koji Yamauchi, ②

This is a response to your request for an estimate for our products ACG0001 and ACG0002. ③

Production is currently stopped for these items because the resources cannot be procured. ④

Sorry for the inconvenience. ⑤
We hope to be of service to you again. ⑥

Dan Johnson ⑦

そのまま使える丁寧なメール文例

❶

「御社からの見積もりのご請求について」

Regarding your Estimate Request

❷

「ヤマウチ様」

Dear Mr. Yamauchi,

❸

「弊社の製品、ACG0001、ACG0002のお見積もりのご依頼ありがとうございます」

Thank you for your request for an estimate for our products ACG0001 and ACG0002.

❹

「残念ながらご依頼のふたつの製品は、資材調達の問題から現在、製造を停止しております」

Unfortunately, production of these two items is currently suspended because of resource procurement issues.

Chapter 5
example 03

「ご不便をおかけいたしまして、誠に申し訳ございません」

5

We sincerely apologize for this inconvenience.

「弊社の製品にご興味をおもちいただき感謝いたしますとともに、またの機会にお力になれれば幸いです」

6

We appreciate your interest in our products, and hope we can be of service to you in the future.

「心を込めて

ダン・ジョンソン」

7

Sincerely,
Dan Johnson

解説

お客様である相手のリクエストを断る文章ですので、より丁寧さに気を配ったほうがよい場面になりますが、P138の例は少し機械的で決まり文句を並べた感じになっています。

それに対して丁寧な言い換えフレーズの例はより申し訳ない気持ちが伝わります。
Unfortunately... のクッション言葉が、次に来る、残念なお知らせ（製造を見合わせていること）の前に心の準備をさせてやわらげています。
We sincerely apologize... という謝罪の言葉からも誠実な気持ちが伝わります。

最後に「弊社の商品にご興味をおもちいただき感謝いたします」のひと言で、感謝の気持ちも伝わります。

また、相手の名前の前に Dear が入っていることや自分の名前の前にも Sincerely, が入っていることも丁寧で品格が感じられます。

Chapter 5 メールの参考文例 04
example 04 注文をする

件名　ダンボールの注文について ……①

ジョンソン様 ……②

お見積もり、ありがとう。……③
以下のものを発注します。……④
ACG0001　50個
ACG0002　40個 ……⑤
弊社本社まで送ってください。……⑥

ヤマウチ・コウジ ……⑦

Subject:　Order of cardboard boxes ……①

Mr. Johnson, ……②

Thanks for the estimate. ……③
We will place an order for the below: ……④
ACG0001　50 items
ACG0002　40 items ……⑤

Please send them to our head office. ……⑥

Koji Yamauchi ……⑦

そのまま使える丁寧なメール文例

①

「ダンボール製品の注文について」

Order of Cardboard Box Products

②

「ジョンソン様」

Dear Mr. Johnson,

③

「以前お願いしたお見積もりをお送りくださりありがとうございます」

Thank you for sending us the estimate we requested.

④

「以下の製品の発注をしたいと考えております」

We'd like to place an order for the following items:

Chapter 5
example 04

「製品名：ACG0001　個数：50
製品名：ACG0002　個数：40」

❺

Product: ACG0001　Quantity: 50
Product: ACG0002　Quantity: 40

「上記の製品を、弊社本社までお送りいただければ幸いです。
宛名は以下です：
トレジャー・ホールディングス㈱
〒100-0000
東京都千代田区丸の内1-2-34

❻ We would appreciate it if you would send the above items to our head office.

The address is as follows:
Treasure Holdings, Inc.
1-2-34 Marunouchi
Chiyoda-ku, Tokyo 100-0000

「よろしくお願いします

❼ ヤマウチ・コウジ」

Best regards,
Koji Yamauchi

解説

P142の例は最低限、最小限の情報と言葉で書かれています。

また、Thanks はカジュアルですし、Please send them... も一方的で、全体的に相手への配慮がそこまで感じられません。

ビジネスの、依頼メールということで簡潔になっていますが、少し手を加えると言い換えフレーズのように丁寧になります。

まず、見積もりの依頼に対応してくれたことに丁寧な言葉で感謝を伝えています。

そして、商品名と数量をラベリングして間違いがないようにしています。

本社に送ってほしいというリクエストは
We would appreciate it if you would... とリクエストしており、住所も記載しているので相手が住所を探す（確認をする）手間が省け、相手の時間を節約しています。

Dear や Best regards, が入っているのもよいです。

Chapter 5 メールの参考文例 05
example 05 注文に応じる

件名　御社からのダンボールの注文について ……①

親愛なるヤマウチ・コウジ ……②

ACG0001 50個とACG0002 40個の注文ありがとうございます。……③
製品は金曜日に出荷します。……④
弊社製品を選んでいただきありがとうございました。……⑤

ダン・ジョンソン ……⑥

Subject:　About your cardboard box order ……①

Dear Koji Yamauchi, ……②

Thank you for your order of 50 of ACG0001 and 40 of ACG0002. ……③

The products will be shipped this Friday. ……④
Thank you very much for choosing our products. ……⑤

Dan Johnson ……⑥

そのまま使える丁寧なメール文例

1

「ご注文ありがとうございます」

Thank you for your order

2

「ヤマウチ様」

Dear Mr. Yamauchi,

3

「ご注文いただき誠にありがとうございます」

Thank you very much for your order.

4

「本製品の出荷予定日は、12月18日の金曜日です」

The expected shipping date for the products is this coming Friday, December 18.

⑤

「弊社製品をお選びいただいたこと、とても感謝しております」

We greatly appreciate your choosing our products.

⑥

「心を込めて

ダン・ジョンソン」

Sincerely,
Dan Johnson

解説

この場合はP146の例文と言い換えフレーズに大きな差があるわけではありませんが、
丁寧な言い換えフレーズは

1) Mr. が入っていて丁寧（P146の例は Dear はあるが Koji Yamauchi と敬称がない）

2) 日付がきちんと書かれていて明確で、受け取った側が調べる必要がない

3) Thank you very much for your order. で始まっているので、最後は同じ表現ではなく、We greatly appreciate your choosing our products. と、言い回しを変えて表現にも気を遣っていることが感じられる

4) Sincerely, で締めている

という点があげられます。

Chapter 5 メールの参考文例 06
example 06 注文を変更する

件名　注文の変更 ……①

ジョンソン様 ……②

以前メールした注文を変更したいです。……③
ACG0001の個数を50から30に、ACG0002の個数を40から20に変更してください。……④
住所は同じです。……⑤

ヤマウチ・コウジ ……⑥

Subject: Change in Order
……①

Mr. Johnson, ……②

I want to change the order I emailed you about before. ……③

Please change the number of ACG0001 from 50 to 30, and the order of ACG0002 from 40 to 20.
The address is the same. ……⑤　……④

Koji Yamauchi ……⑥

そのまま使える丁寧なメール文例

❶

「注文番号9902CB　数量変更のお願い」

Quantity Change Request for Order #9902CB

❷

「ジョンソン様」

Dear Mr. Johnson,

❸

「先日の注文の個数を変更したいと思っております。お手数をおかけしてしまい申し訳ございません。以下の変更、ご対応いただけますでしょうか？」

We would like to change the quantity of our recent order. I'm sorry to trouble you, but would you please make the following changes?

「注文番号：9902CB
製品名：ACG0001
数量：30（50から変更）
製品名：ACG0002
数量：20（40から変更）」

❹

Order No.: 9902CB
Product: ACG0001
Quantity: 30 (Reduced from 50)

Product: ACG0002
Quantity: 20 (Reduced from 40)

Chapter 5
example 06

「送付先の住所に変更はございません」

There are no changes to the shipping address.

「お手数をおかけして申し訳ございません。ご協力に感謝申し上げます。

よろしくお願いいたします

ヤマウチ・コウジ」

We apologize for the inconvenience, and appreciate your help.

Best regards,
Koji Yamauchi

解説

丁寧な言い換えフレーズのほうが情報量も多く、丁寧な表現を使うので文章が長くなっているのが一目瞭然です。

P150の例は、送る側のできるだけ短時間で用件の連絡をすませたい、という思いが感じられます。

そして、注文の変更の依頼について
I want to... と、「変更したいんだけど」という上から目線で命令調の表現になっています。
それに対して、
I'm sorry to trouble you, but would you please...? の表現は、相手に注文を変更する手間をかけさせることを申し訳なく思っているのが伝わります。

また、丁寧な言い換えフレーズは注文番号や変更点などの情報を明確にし、相手の確認作業の負担を軽減しています。

最後に迷惑をかけたことへの謝罪と、協力に対する感謝の気持ちも伝えられていて丁寧です。

なお、丁寧な言い換えフレーズの宛名には Dear が入っています。社内向けのメールなどでは省くこともありますが、メール全体が丁寧な場合は Dear を入れるとよいでしょう。

Chapter 5 メールの参考文例 07
example 07 請求する

件名 請求書について ……①

タナカ様 ……②

添付ファイルは、2017年 8 月 8 日の注文（注文番号70110809）
の請求書です。10日以内のお支払いをお願いします。……③
ご利用ありがとうございます。……④
またの注文、楽しみにしています。……⑤

それでは。
ティム・スミス ……⑥

Subject: Invoice ……①

Mr. Tanaka ……②

Attached is the invoice for your order of August 8,
2017 (order #70110809). Please pay within 10 days.
　　　　　　　　　　　　　　　　　　　　　　　……③

Thanks for letting us serve you, ……④
and we look forward to your next order.
　　　　　　　　　　　……⑤

Regards,
Tim Smith ……⑥

そのまま使える丁寧なメール文例

❶

「注文番号70110809の請求書について」

Invoice for Order #70110809

❷

「タナカ様」

Dear Mr. Tanaka,

❸

「2017年8月8日（注文番号70110809）のご注文ありがとうございます。添付の請求書のとおり、10日以内（2017年9月23日まで）にお支払いいただけますと幸いです」

Thank you for your order dated August 8, 2017 (order #70110809). We would appreciate it if you could make the payment according to the attached invoice within 10 days (by September 23, 2017).

❹

「弊社の製品をお選びくださり、感謝いたします」

We appreciate your choosing our products.

Chapter 5
example 07

「また何かお力になれることがございましたら、お気軽にご連絡ください」

5

If we can be of further service, please feel free to let us know.

「心を込めて

6 ティム・スミス」

Sincerely,
Tim Smith

解説

P154の例は事務的で、必要最低限の情報量と言葉で書かれたドライなメールになっています。

Attached is the invoice... は、「請求書が添付されています」の意味。Attached is... をより丁寧に表現するなら
We are sending you the invoice (for the order).
「（ご注文の）請求書をお送りいたします」や、
Please refer to the attached file.「添付のファイルをご参照ください」などの言い回しがよいです。

丁寧な言い換えフレーズの例では、「添付の請求書のとおり、10日以内（2017年9月23日まで）にお支払いいただけますと幸いです」という文のなかに請求書が添付されていることが明記されています。

また、期限の日にちも明記されているので、相手が「いつから10日以内？ 請求日または受信日？」と迷ったり、調べたりする手間を省いています。

P154では Please pay... と一方的、かつ、ぶしつけですが、丁寧な言い換えフレーズの例では最後に感謝の気持ちと、「また何かお力になれることがございましたら、お気軽にご連絡ください」のひと言で締めています。

Chapter 5 メールの参考文例 08
example08 支払い完了を伝える

件名　支払いについて ……①

スミス様 ……②

請求書、受け取りました。……③
10月30日に御社の口座に50,000ドルを送金しました。……④
確認と、ご返信をお願いします。……⑤

感謝します。
タナカ・テツオ ……⑥

Subject:　Regarding payment
　　　　　　　　　……①

Mr. Smith, ……②

……③
I received the invoice you sent and made a bank transfer payment of USD 50,000 to your account on Oct 30. ……④

Please check and reply for confirmation. ……⑤

Thanks,
Tetsuo Tanaka ……⑥

そのまま使える丁寧なメール文例

「注文番号70110809の支払いの件」

❶

Payment for Order #70110809

「スミス様」

❷

Dear Mr. Smith,

「お送りいただいた請求書を拝受したこと、お知らせいたします」

❸

This is to inform you that we have received your invoice.

「10月30日にご指定の口座に50,000ドルを送金いたしました」

❹

and have made a payment of US $ 50,000 to the specified account on October 30.

Chapter 5
example08

「入金ご確認後、お知らせいただければ幸いです」

5

It would be appreciated if you would notify me upon confirmation of the payment.

「誠にありがとうございます

6 タナカ・テツオ」

Thank you,
Tetsuo Tanaka

解説

P158の例でも間違いではありませんが、事務的でドライなので、より丁寧にするのであれば、次の点の変更を加えます。

1) 件名に注文番号を記載して、用件を簡潔に明記する

2) Thanks だとカジュアルなので Thank you で締める

3) USD をUS $ に、Oct を October に書き直すなど、長くはなるが丁寧にする

4) Please check and reply... は一方的で少々ぶしつけなので It would be appreciated if you would...の表現方法でより丁寧にする

丁寧なメール文例③の This is to inform you...「これは〜についてのご連絡です」は必ずしも必要ではありませんが、この場合はより丁寧な印象にするためのクッション言葉になっています。

Chapter 5 example 09
メールの参考文例 09
催促請求する

件名　支払いのお願い ……①

タナカ様 ……②

期限を過ぎましたが、御社からの支払いを受けていないことをお知らせいたします。……③
5月1日現在、3月分の請求書金額が支払われていません。……④
なるべく早く、確認と支払いをしていただけますか？ ……⑤

ダン・スミス ……⑥

Subject:　Need for payment
　　　　　……①

Mr. Tanaka, ……②

This it to let you know that it has passed the payment deadline, but we have not received payment from you. ……③

As of May 1, the invoiced amount for March has not been paid. ……④

Could you check and pay ASAP? ……⑤

Dan Smith ……⑥

そのまま使える丁寧なメール文例

❶

「ご確認お願いします：請求書番号2017-12THCの支払いについて」

Please Confirm: Payment of Invoice #2017-12THC

❷

「タナカ様」

Dear Mr. Tanaka,

❸

「請求書1点について、お支払い状況の確認をお願いしたいと思っております」

We would like to confirm the payment status of one of our invoices.

❹

「5月1日現在、3月分のご請求、2017-12THCのお振込みが確認できておりません」

As of May 1, we are unable to confirm payment of invoice #2017-12THC for the month of March.

Chapter 5
example 09

「ご確認いただき、もしも入金がまだの場合は、ご都合のいいタイミングでなるべく早くお振込みいただけますと幸いです」

5

We would appreciate it if you could check on your end, and if payment has not been made, please make the payment at your earliest convenience.

「よろしくお願いいたします

6

ダン・スミス」

Best regards,
Dan Smith

解説

P162の例では、This is to let you know... のワン・クッションでやわらげているものの、
we have not received payment from you. 「御社からの支払いを受けていない」と少々責めているニュアンスとして受け取られる可能性があります。
また、続く文も ...has not been paid. と繰り返しネガティブなニュアンスで書かれています。

さらに、Could you check and pay ASAP? は一方的な印象を与えます。
丁寧な言い換えフレーズでは、We would like to confirm the payment status. 「お支払い状況の確認をお願いしたい」と表現しているため、いきなり相手に「支払われていない」と責めていません。
We are unable to confirm payment... 「お振り込みが確認できていません」と表現することで、相手のミスを直接的に指摘していません。

件名も Please Confirm「ご確認お願いします」としていて相手のアクションが必要なことが明確で、請求書番号も記載されていて分かりやすいです。
Please pay と一方的に求めるのではなく、「ご確認いただき、もしも入金がまだの場合は」と相手の事情を尊重しています。

Chapter 5 **メールの参考文例** 10
example 10
アポイントメントを取る

件名　アポイントメントについて ……①

スズキ様 ……②

私の名前はカイル・ワトソンです。 ……③
先週、御社のレセプションにてお会いしました。 ……④
弊社の新製品について説明したいのでお会いしたいです。 ……⑤
1月11日〜20日までの間で会えますか？ ……⑥
お返事お待ちしております。 ……⑦

カイル・ワトソン ……⑧

Subject:　Appointment
　　　　　　　　……①

Ms. Suzuki, ……②

　　　　　　　　　　　……③
My name is Kyle Watson, and we met at the
reception at your company last week. ……④

I want to meet with you to explain about our new
products. ……⑤
Can I meet you between January 11 and 20? ……⑥

I look forward to your reply. ……⑦

Kyle Watson ……⑧

166

そのまま使える丁寧なメール文例

❶ 「打ち合わせのお願い」

Request for a Meeting

❷ 「スズキ様」

Dear Ms. Suzuki,

❸ 「宝出版社のカイル・ワトソンです」

I'm Kyle Watson from Treasure Publications.

❹ 「先週、御社のレセプションにてお会いできて光栄でした」

It was a pleasure meeting you at your company's reception last week.

Chapter 5
example 10

「弊社の新製品についてご紹介する機会をいただければ幸いです」

❺

I would appreciate an opportunity to introduce our new products to you.

「1月11日〜20日までの間でどこか、お打ち合わせのお時間をとっていただくことは可能でしょうか?
もし可能でしたら、ご都合のよい日時をお知らせください」

❻

Would you be available sometime between January 11 and 20 for a meeting?
If so, would you please let me know what date and time works best for you.

「お返事をお待ちしております」

❼

I look forward to hearing from you.

「よろしくお願いいたします

❽ カイル・ワトソン」

Best regards,
Kyle Watson

解説

丁寧な言い換えフレーズでは名乗った後に会社名の記載があるので、相手が送り主のことを思い出しやすくなります。

また、It was a pleasure meeting you...「お会いできて光栄でした」と述べていて、丁寧であたたかみのあるオープニングです。

P166では I want to meet with you...「お会いしたいです」と一方的で少し強引に聞こえますが（しかも新製品の説明をしたいと言っているので、送り主側の都合です）。丁寧な言い換えフレーズでは I would appreciate an opportunity to...「機会をいただければ幸いです」という丁寧なリクエストになっています。

都合を聞く際も、Can you meet...?「会えますか？」ではなく、Would you be available...?「ご都合はいかがですか？」と、より相手に考える余裕を与える表現です。

さらに、相手の予定にも気を遣い、柔軟に対応したい姿勢も示しています。

件名に Request が入っていることでメールの内容が明確になっていることや、Dear や Best regards, が入っているのもよいところです。

Chapter 5
example 11

メールの参考文例 11
面会申し込みに返信する

件名　ご訪問について ——①

ワトソン様 ——②

メールをどうもありがとうございます。——③
御社の製品についてご説明いただきたいです。——④
1月14日の3時に弊社に来てくれないのですか？ ——⑤
ご都合を教えてください。——⑥

スズキ・トシコ ——⑦

Subject:　About your visit
　　　　　　　　　——①

Mr. Watson, ——②

Thanks for your email. ——③
We want you to explain about your products. ——④
Won't you come to our office on January 14 at 3:00?
Please tell us your preference. ——⑥　　　　——⑤

Toshiko Suzuki ——⑦

そのまま使える丁寧なメール文例

①

「お打ち合わせの件」

Regarding our Meeting

②

「ワトソン様」

Dear Mr. Watson,

③

「メールをいただき、誠にありがとうございます」

Thank you for your email.

④

「御社の製品についてもっと知りたいと興味をもっております」

We are interested in learning more about your products.

Chapter 5
example 11

「1月14日の午後3時に弊社までお越しいただくことは可能でしょうか?」

5

Would it be possible to ask you to come to our office on January 14 at 3:00 p.m.?

「ご都合がよいかどうか、お知らせください」

6

Please let us know if that works for you.

「よろしくお願いいたします

7 スズキ・トシコ」

Best regards,
Toshiko Suzuki

解説

　P170の例の Thanks は、相手によってはカジュアルなので、Thank you と書いたほうがよいでしょう。
We want you to explain... は、want が入りますし、「〜してほしい」と送信者側の都合を相手にぶつけています。
Won't you come to our office...? は、日本語で言う「オフィスにお越しいただけないでしょうか？」という形の丁寧な質問形式のつもりでしょうが、英語に直訳すると丁寧ではなく、「オフィスに来てくれないのですか？」といった責めるニュアンスになってしまいます。

　丁寧な言い換えフレーズでは、We are interested in learning more about...「〜についてもっと知りたいと〜」の後に、会社に来ていただくことは可能かどうかと聞いているので、より相手の都合に気を配っています。
細かいことですが、3:00 の後に p.m. を加えているのも分かりやすく丁寧です（さすがに午前3:00の都合は聞かないかもしれませんが、8:00 あたりの場合は朝と夜のどちらも可能性があります）。
Please tell us your preference. は相手の希望を聞いていますが、この場合は特定の日程の都合を聞いているので、その日に訪問することを希望するかどうか聞いているような表現になります。
丁寧な言い換えフレーズの Please let us know if that works for you. は、指定の日程について、都合がよいかを聞く丁寧な表現です。

Chapter 5 メールの参考文例 12
example 12 面会を断る

件名　ご訪問について ……①

ワトソン様 ……②

返信ありがとうございます。……③
1月11日～20日までは忙しく、お会いできません。……④
またの機会に会えることを楽しみにしています。……⑤

スズキ・トシコ ……⑥

Subject: Your visit ……①

Mr. Watson, ……②

Thank you for your reply. ……③
I am busy between January 11 and 20 and cannot meet with you. ……④

I hope we can meet at another time in the future. ……⑤

Toshiko Suzuki ……⑥

そのまま使える丁寧なメール文例

①

「打ち合わせの件」

Regarding our meeting

②

「ワトソン様」

Dear Mr. Watson,

③

「弊社までお越しいただけるとのご連絡、ありがとうございます」

Thank you for your offer to visit our office.

④

「あいにく、ご提示いただいた日程は都合がつかず、お目にかかることができません」

または

「あいにく1月11日～20日まで出張に出ており、お目にかかれません」

Unfortunately, I am not available on the dates that you indicated, and I'm afraid I will not be able to meet with you.

または

I'm afraid I will be on a business trip from January 11th to the 20th, and will not be able to meet with you.

「翌月にお会いすることは可能でしょうか？」

5

Would it be possible to meet the following month?

「ありがとうございます

6 スズキ・トシコ」

Thank you,
Toshiko Suzuki

解説

P174の例では送信者が訪問についてあまり前向きでないニュアンスになっています。

I am busy... and cannot meet with you. は、かなりダイレクトで、「忙しいからあなたと会えない」という本人の都合が強調されていて、申し訳なさも残念さも感じられません。

最後の行は間違いではないものの、「将来いつか会えたらいいです」という程度の響きで、近い日程で調整したい気持ちは感じられません。

丁寧な言い換えフレーズでは、Unfortunately... と I'm afraid... のクッション言葉で都合が合わず会えないことを申し訳なく思っているのが伝わります。

2番目の例では、都合をより詳しく述べています。(business trip =出張)

また Would it be possible to meet the following month?「翌月にお会いすることは可能ですか?」と、加えることで相手と会う機会を作りたい姿勢が伝わります。

Chapter 5 **メールの参考文例** 13
example 13 面会の御礼をする

件名　ありがとうございます ……①

スズキ様 ……②

昨日はありがとうございました。 ……③
弊社の製品についてご理解いただいたと存じます。 ……④
御社とお取引させていただくことを、心待ちにしております。
　　　　　　　　　　　　　　　　　　　　　　 ……⑤

カイル・ワトソン ……⑥

Subject:　Thank you
　　　　　 ……①

Ms. Suzuki, ……②

Thank you for yesterday. ……③

I hope you learned about our products. ……④

We hope we can be of service to you. ……⑤

Kyle Watson ……⑥

そのまま使える丁寧なメール文例

❶ 「お時間いただきありがとうございます」

Thank you for your time

❷ 「スズキ様」

Dear Ms. Suzuki,

❸ 「昨日は打ち合わせのお時間を取っていただきありがとうございました」

Thank you for taking the time to meet with me yesterday.

❹ 「商品の説明がお役に立てば幸いです」

I hope you found the explanations to be helpful.

Chapter 5
example 13

「何かご質問がございましたら、いつでもご連絡ください。

あらためて、お時間を取っていただいたこと、感謝申し上げます」

5

If you have any questions at all, please feel free to contact me.

Once again, I appreciate your taking time to meet with me.

「心を込めて

6 カイル・ワトソン」

Sincerely,
Kyle Watson

解説

P178の例は間違いではありません。お礼のメールを送ること自体は気配りができていてよいです。
ただ、1行目には少し違和感があります。

日本語の「昨日はありがとうございました」という表現を英語に直訳したのでしょう。

英語では Thank you for yesterday. は違和感があり、「昨日の何？」と思ってしまいます。
Thank you for taking the time to meet with me yesterday. など、具体的に伝えるほうがよいです。
そして、よりいっそう品のよい気の利いたメールにするならば、次のように調整します。

1) If you have any questions at all... 「何かご質問がありましたら〜」の1行で、相手によりよいサービスを提供したい姿勢を演出します

2) Dear や Sincerely, を入れ、全体的に品のよさをしのばせる感じにします

181

Chapter 5 メールの参考文例 14
example 14 納期のクレームを伝える

件名　配送が遅れています ……①

スミス様 ……②

納品予定日を3日過ぎましたが、注文番号221の商品がまだ届いていません。……③
遅配は販売計画に影響が出ます。……④
至急、配送状況を教えてください。……⑤

ヤマダ・エイジ ……⑥

Subject: Delivery is delayed ……①

Mr. Smith, ……②

It is 3 days passed the expected delivery date, but the items for order no. 221 have not arrived yet. ……③

The delay is affecting our sales plans. ……④

Please let us know the shipping status ASAP. ……⑤

Eiji Yamada ……⑥

そのまま使える丁寧なメール文例

①

「ご確認お願いします：注文番号221の配送状況について」

Please confirm: Delivery Status of Order No. 221

②

「スミス様」

Dear Mr. Smith,

③

「注文番号221の配達についてご連絡差し上げます。
現在、納品予定日から3日が過ぎましたが、注文の商品がま
だ届いておりません」

I am writing in regard to the delivery of Order No. 221.

It is currently 3 days passed the expected delivery date, but the order has not arrived yet.

④

「この遅れが弊社の販売計画に影響するのではないかと懸
念しております」

I'm afraid the delay is impacting our sales plans.

Chapter 5
example 14

「お早めに、配送状況をご確認いただけますか？
迅速なご対応に感謝いたします」

5 Would you please confirm the shipping status at your earliest convenience?

We would appreciate your immediate attention to this.

「よろしくお願いいたします

6 ヤマダ・エイジ」

Best regards,
Eiji Yamada

解説

　P182の例は相手を責めているニュアンスに溢れています。日本語では「おります」「ません」などと丁寧語の表現になっていますが、英語の場合は敬語特有の言葉がないため、例文ではクッション言葉がなく、「3日過ぎても届いていない」「遅れのせいで計画に影響している」と責めていることになります。

　遅れが計画に影響するという送信者側の都合を訴え、相手に責任を押し付けて責めているようなニュアンスです。③の丁寧な言い換えフレーズでは、I am writing in regard to...「〜についてご連絡差し上げます」と始まり、遅れや影響について述べる前のワン・クッションになっています。

　計画に影響していることを伝える際にも I'm afraid... というクッションがあるため（この場合は「あいにく」のニュアンス）、相手を責める表現ではありません。

　また、ASAP ではなく、at your earliest convenience（あなたのご都合を見ていただき可能な限り早めに）という表現で、相手に早く、アクションしてほしいことをやわらかく伝えています。

　We would appreciate your immediate attention to this.「迅速なご対応に感謝いたします」という表現で、命令調ではなく協力を求めるニュアンスになっています。Dear や Best regards, も入っていて、全体的に丁寧で攻撃的ではなく、よりよい関係性が保てるメールになっているでしょう。

Chapter 5 **メールの参考文例** 15
example15 異動の挨拶をする

件名　異動について ……①

ウィリアムズ様 ……②

1月1日付けで、福岡支社から東京本社へ異動します。……③
営業部長の役職をサイトウ・タクヤに引き継ぎます。……④
いろいろとありがとうございました。……⑤
みなさまの成功と幸せを祈っています。……⑥

ヤマシタ・エミコ ……⑦

Subject:　Transfer
　　　　　　　└①

Ms. Williams, ……②

I will be transferring from the Fukuoka Branch to
the Tokyo Headquarters as of January 1. ……③

Takuya Saito will be my successor as the head of
Sales. ……④

Thank you for everything. ……⑤

I wish everyone success and happiness. ……⑥

Emiko Yamashita ……⑦

そのまま使える丁寧なメール文例

❶

「異動のお知らせ」

Announcement of Transfer

❷

「ウィリアムズ様」

Dear Ms. Williams,

❸

「1月1日付けで、福岡支社から東京本社へ異動することをお知らせいたします」

I'd like to let you know that as of January 1, I will be transferring from the Fukuoka Branch to the Tokyo Headquarters, (and Takuya Saito will succeed...)

❹

「営業部部長の職はサイトウ・タクヤに引き継ぐことになります」

(...,) and Takuya Saito will succeed me to assume the position of the head of the Sales Department.

Chapter 5
example 15

❺
「数年間にわたり、ウィリアムズ様とご一緒にお仕事をさせていただいたこと、感謝申し上げます。
打ち合わせも楽しませていただきましたし、ウィリアムズ様から福岡のことをたくさん学ばせていただきました。
誠にありがとうございました」

I greatly appreciate the opportunity for doing business with you over the years.
I also enjoyed our meetings and learned a lot about Fukuoka from you.
Thank you very much.

❻
「ウィリアムズ様と御社のますますのご発展を祈っております」

I wish you and your firm the very best in the years to come.

❼
「心を込めて

ヤマシタ・エミコ」

Sincerely,
Emiko Yamashita

解説

P186のメールとP187〜188のメールで、伝えているポイントは同じですが、丁寧な表現をしようと努めると文章が長くなるのがわかる例です。

P186の例は少しドライで、あまり心が込められておらず、報告のみの文章です。
Thank you for everything. 「いろいろとありがとうございました」も何に感謝しているのか曖昧です。

丁寧な言い換えフレーズでは報告の前に
I'd like to let you know that... の前置きがあり、クッションになっています。

お世話になったことへの感謝についても、「数年間にわたり、お仕事をご一緒したこと」についてや「相手から福岡についてたくさん知ることができたこと」など具体的に述べることで、よりパーソナルになっています。

P186では I wish everyone... 、everything と同じような言葉が続き、「いろいろ」「みんな」と大雑把な感じですが、丁寧な言い換えフレーズでは you and your firm と、「相手」と「その人の会社」と具体的に述べています。
お世話になった方にこそ丁寧に、そしてその方のためにカスタマイズした連絡にしたいところです。

Chapter 5
example 16

メールの参考文例 16

遅延を知らせる

件名　納品が遅れます ……①

ウィリアムズ様 ……②

納品の遅れについてお知らせいたします。弊社工場の機械トラブルにより、製品の配送に遅れが生じています。……③
お約束の期日までに間に合わせることができない見込みです。遅れてしまい申し訳ございません。……④
すぐに、新しい納品予定日をお知らせいたします。……⑤

ありがとうございます。
ヤマシタ・エミコ ……⑥

Subject:　Delivery will be delayed
　　　　　　　　　　　　　　　　……①

Ms. Williams, ……②

This is a notice of delay in delivery.
Due to machine problems at our factory, there will be a delay in shipment of our products. ……③

We will not be able to meet the promised deadline. Sorry for the delay. ……④

We will let you know the revised expected delivery date soon. ……⑤

Thanks,
Emiko Yamashita ……⑥

そのまま使える丁寧なメール文例

❶

「納品遅延のお知らせ」

Notice of Delay of Delivery

❷

「ウィリアムズ様」

Dear Ms. Williams,

❸

「弊社工場の機械トラブルにより、製品の発送に遅れが生じていることをお知らせいたします。申し訳ございません」

We regret to inform you that there will be a delay in the delivery of our products due to a mechanical malfunction at our factory.

❹

「お約束の期日までに間に合わせることができないこと、および、遅延によりご迷惑をおかけしてしまい、誠に申し訳ございません」

We sincerely apologize for the failure to meet the expected delivery date and for the inconvenience this delay may cause.

Chapter 5
example 16

「納品日が確認でき次第、すぐにお知らせいたします」

5

We will let you know as soon as the updated delivery date is confirmed.

「あらためて、ご迷惑をおかけいたしまして誠に申し訳ございません。

心を込めて
ヤマシタ・エミコ」

6

Again, we are very sorry for the inconvenience.

Sincerely,
Emiko Yamashita

解説

このケースの場合、遅延によって相手に迷惑がかかるので、We regret to inform you that... と申し訳ない気持ちを伝えるクッション言葉でメールを始めたほうがよいでしょう。

machine problems よりも
mechanical malfunction として少しビジネス向けの格上げした単語を使います。

P190の例の Sorry for the delay. は、送信者側の都合で相手に迷惑がかかっているにもかかわらず、サラッとしすぎた印象です。
We sincerely apologize for... という表現で誠実な謝罪の気持ちを表しましょう。
We will let you know... soon. は、soon「近いうちに」が曖昧であるのに対して、
... as soon as the updated delivery date is confirmed. は、納期の日程が決まり次第連絡をすると伝えていて、できる限り早く相手に伝えたい気持ちも感じ取れます。

また、丁寧な言い換えフレーズでは最後に、相手に迷惑をかけたことに対して改めて謝罪しています。P190の例の Thanks, はカジュアルですが、丁寧な言い換えフレーズの Sincerely, は丁寧で品格があります。

Chapter 5
example 17

メールの参考文例 17
返信を催促する

件名　返信をください！ ……①

ウィリアムズ様 ……②

3月の終わりまでに売上報告をお送りいただくようにお願いいたしましたが、まだ受け取っておりません。 ……③
一刻も早く送ってくれませんか？ ……④
返事を待っています。 ……⑤

ヤマシタ・エミコ ……⑥

Subject:　Please Reply!
……①

Ms. Williams, ……②

I asked you to send the sales report by the end of March, but I haven't received it yet. ……③

Can't you send it as soon as possible? ……④

I am waiting for your reply. ……⑤

Emiko Yamashita ……⑥

そのまま使える丁寧なメール文例

❶ 「再確認:売上報告のお願いについて」

Reminder : Regarding Request for Sales Report

❷ 「ウィリアムズ様」

Dear Ms. Williams,

❸ 「お願いした3月末の期日までに、売上報告をいただけていないようです」

I'm afraid we have not received the sales report with the requested deadline of the end of March.

❹ 「なるべく早く、報告をお送りいただけますと幸いです」

It would be appreciated if you could send the report at your earliest convenience.

「お早めにお返事いただけることを、お待ちしております」

❺

I hope to hear from you soon.

「よろしくお願いします

❻ ヤマシタ・エミコ」

Regards,
Emiko Yamashita

解説

強調するために"！"を使いたくなる気持ちもわかりますが、件名にそれを使うと場合によってはスパム・迷惑メールと判断される（またはシステム上、フィルターではじかれる）可能性があるため注意が必要です。

しかも、この例だと「返事して！」という送り主の都合しか考えておらず、幼稚な表現に見えます。丁寧な言い換えフレーズでは、リマインダーだとひと言入っているので、「こうして！」と言わずとも、相手にアクションしてほしいことが伝わります。

I asked you to... は「〜をしてとお願いしたのに」というニュアンスで、直接的で相手を責めてしまっています。Can't you...? も、「〜してくれないの？」と相手を責めている聞き方です。

その内容の最後に「私は返事を待っている」では、自己中心的で、幼い子どもが自分のわがままを主張しているような印象を与えます。

丁寧な言い換えフレーズでは I'm afraid... のクッションが入り、It would be appreciated if... at your earliest convenience. で丁寧に相手のアクションを催促しています。

そこで終わらせてもよいのですが、最後に「お返事をお待ちしています」の 1 行があり、さらに気遣いが加えられています。

Chapter 5 **メールの参考文例** 18
example 18 招待する

件名　ご招待 ─── ①

パーク様 ─── ②

今晩の飲み会に参加されるつもりはありますか？ ─── ③

Bar ダリア東京でやります！ ─── ④

タナカ・タカシ ─── ⑤

Subject:　Invitation
─── ①

Mr. Park, ─── ②

Will you join us for drinks tonight? ─── ③
It's at Bar Dahlia Tokyo! ─── ④

Takashi Tanaka ─── ⑤

①

「今晩の飲み会へのご招待」

Invitation to drinks this evening

②

「パーク様」

Dear Mr. Park,

③

「我々の部署は本日の夕刻、飲み会を計画しており、ぜひ、パーク様にもご参加いただきたいと思っております。

つきましては、本日午後7時のご都合をお聞かせ願えますでしょうか？」

Our department is planning a casual drinking party tonight, and we would be delighted if you could join.

Would you please let us know your availability to join us around 7:00 p.m.?

「日にち:11月3日(水)
時間:7:00 p.m.
場所:Bar ダリア東京

お会いできるのを楽しみにしています」

Date:　November 3 (Wed)
Time:　7:00 p.m.
Venue: Bar Dahlia Tokyo

We hope to see you then.

「よろしくお願いいたします

タナカ・タカシ」

Best regards,
Takashi Tanaka

解説

普段から頻繁に会っている友人や恋人を誘うときならまだしも、ビジネス・シーンや目上の人を誘うときには丁寧なメールを心がけたいものです。P198の例文は、あまりに唐突で淡白です。

お誘いをするときには、以下のような表現も使えます。

I realize it's short notice, but would you be available to join us drinks tonight at around 7:00 p.m.?

「急なお誘い（で恐縮）ですが、今夜7時からの飲み会にご参加いただくことは可能ですか？」

Our team is having drinks at the Bar Dahlia Tokyo tonight at 7:00, and we're wondering if you could join us.

「今夜7時、Barダリア東京にてチームの飲み会を行う予定ですが、ご参加いただければと思っております」

下記は招待に対する返信メールの模範例文です。

I would be delighted to join you.

「喜んで参加させていただきます」

I'm afraid I have plans tonight, but I hope I can make it next time.

「残念ながら今晩は別の予定があります。またの機会にご一緒できるのを楽しみにいたします」

Business Manner

失礼なメール文の例

メールを読んでいて「その伝え方は失礼！」と感じることが多々あります。お互いの顔が見えないメールでの連絡こそ、相手に失礼のない表現を心がけたいものです。

たとえば、これは私が最近あるプロジェクトに参加したときのことです。最初のミーティングから数日後、プレゼンテーションを行った担当者からチームのメンバーたちに1通のメールが届きました。

そのメールの内容は、「僕が提案した案だけでなく、皆さんからのアイデアもぜひ聞かせてほしいです。ご意見お待ちしています」というものでした。

ところが、それから数日過ぎても誰も返事をしなかったので、担当者の彼からもう一度依頼のメールが送られてきました。
その文面が、
You guys didn't give me ideas.
「まだ君たちからの案をもらってないよ」
Won't you think of some ideas?
「考えてくれる気ないの？」でした。
急に責めるような文面だったので、受け取った人は温度差を感じました。

olumn

　担当者の彼は、普段からとてもカジュアルな言い方をする人で、彼のキャラクターを知っている人たちは問題なく受け取ってくれるかもしれません。しかし、グローバル企業では同じひとつのプロジェクトで、会ったことのない人とチームを組んで仕事をすることもあります。

　ビジネス・シーンで頻繁に使われるメールという伝達手段は、送った人の声のトーンも表情もわからないので、書き方によっては誤解を招くケースがあります。
　これは英語の場合だけでなく日本語でも同じです。メールでお願いするときは、会話よりもさらに丁寧な言い方を心がけたいところです。

　また、これからの時代はますます、簡潔で、丁寧で、わかりやすい英語が必要になっていくはずだと考えています。一概に外資系企業といっても、そこで働く人びとはネイティブ・スピーカーばかりではありません。最近はグローバル企業が増えて、世界中のさまざまな国から来た人たちが働いていますから、もうネイティブ・スピーカーだけに伝わる英語がいいわけでもないのです。クロス・カルチュラルで、いろいろな人に伝わる英語が求められる時代になるのだと思います。

Business Manners Column

新人研修で習うメールの書き方

　ある日、会社役員の方が新入社員に向けたスピーチを聞く機会がありました。「新入社員としての心得」として、上司が最初に言及したのが「1日目から会社の代表として見られています」ということ。そして、ふたつ目に彼が説明したのがメールの存在と影響の大きさでした。

　「大きな決断も、プロジェクトも、すべてがメールによって動きます。成功のカギがここにあります」それを聞いて、改めてメールは大事なのだと確信しました。「ポイントを簡潔かつ明確に伝えながら、細部にも気を配るように。そして、気をつけて書き、最低2回は読み返すように」とも言っていました。

　書くよりもレビューするほうに時間をかけること。そして、スピードのあるメールのやりとりによって物事を早く進めることができるので、早く書けるようになるために、「とにかく実践を重ねてください」とのことでした。

　現在はメール、社内のチャット、電話、LINEなどのSNSツール、face-to-face「対面」の会話と、さまざまなコミュニケーション・ツールがあります。

　話し言葉・書き言葉の丁寧さに気を配ることももちろん大切ですが、どのコミュニケーション・ツールを使うべきなのか、それぞれの利点とマイナス点をふまえ、状況や緊急性によって上手く使い分けることも大事だと思っています。

English Column

間違いやすい "meet" と "see" の使い方

初対面の方との挨拶は
It's nice to meet you.
「お会いできてうれしいです／はじめまして」

まだ会ってない人には、
I look forward to meeting you.
「お会いできるのを楽しみにしています」

二度目からは meet が see に変化します。
It's nice to see you again.
「またお会いできてうれしいです」
I'll see you next week.
「来週お会いしましょう」

　ところが、会う時間と場所が具体的に決まっている待ち合わせなどの場合は、何度も会っている人の場合でも、see ではなく meet を使います。
I look forward to seeing you at the party.
「パーティでお会いできるのを楽しみにしております」

I'll meet you at the lobby at ten o'clock.
「ロビーで10時にお会いしましょう／待ち合わせしましょう」

Business Manner

外資系企業の「部下の叱り方」

コミュニケーションとビジネス文化の違いのひとつに、「叱り方」があります。まず、外資系企業で働いてきた私の経験では、上司が部下を「叱る」シーンを見たことがありません。

ちょっとしたことを注意することはあっても、よりシリアスなことを伝えるときは、叱るのではなく改善すべき点を伝える「コンストラクティブ・フィードバック」という形をとって部下を指導していました。

私がゴールドマン・サックスにいたころ、印象に残る指導の仕方をする上司がいました。「あなたはこれができなかった」と責めるのでなく、事実を指摘して、客観的かつ分析的に説明してくれたのです。

その上で「もっとこうすれば改善できるよね」と冷静に話してくれました。できなかったこと、失敗したことを叱るよりも、そのほうがよほど建設的だと実感しました。

相手を叱って「ごめんなさい」という気持ちにさせるよりも、「この人は私のことをこんなに考えてくれている。期待もしてくれている」と自然に思わせてくれるような指導の仕方です。尊敬できる、素晴らしい上司だったと、彼のことは今でも記憶に残っています。

Column

John, do you have a minute? / John, can I see you for a minute?
「ジョン、ちょっといまいいかい？」「ジョン、ちょっと来てくれる？」と部下に声をかけ、自室に招いて、

You're doing a great job with this project, but I'm afraid there are some missed deadlines.
「君はこのプロジェクトでとても頑張ってくれているね」と、プラス面を評価してから、「でも、提出期限が過ぎているようだね」と、改善点を指摘するのが建設的で前向きな指導です。

　日本のドラマのシーンで、皆がいる前で「おい○○」と、部下を名指しで呼び、感情的になって叱る場面がありますが、それだけで職場の雰囲気を悪くしてしまうように感じます。
　実際はそのように声を荒げてとがめることはないのかもしれませんが、「日本のオフィスでは部下を叱るらしい」ということを聞きます。

　英語では「叱る」は "scold"。どちらかというと、子どもを叱る、先生が生徒を叱るときに使います。
　「上司が部下を "scold" する」は聞きません。ここにも言葉や文化、習慣の違いがあるのかもしれません。

English Column

"of course"は、
ビジネスの場では危険な言葉

日常会話で頻繁に使われる of course という言葉。

日本語の「もちろんです」には「喜んで」の意味が含まれますが、英語にはそうした含意はないので、失礼に響く場合があります。

「〜してくれる?」と聞かれたとき、
Of course I will do it. という言い方はとてもポジティブな返事ですが、何かを聞かれたとき、
Of course ! とそれだけで答えると、「当たり前じゃないか!」というニュアンスに聞こえます。

Yes, that's correct. / That's right.
「はい、そうです」、「それで正しいです」
と答えるのが、自然で丁寧な表現です。

of course は会話のトーン次第では親しみをこめた言い方になりますが、特にメールの返事では、受け取った相手に、「そうか、知っているべきだった」と引け目を抱かせる可能性があり、あまり丁寧な言い方とはいえません。

同じ意味なら "Sure!" や "That's correct !" のほうがよいです。

English Column

TPOをわきまえない
"must"の使い方

　日本人の英語でしばしば「誤解しているなぁ」と感じるのが must の使い方です。

　たとえば、I must finish this by the end of the day.
「今日中に終わらせなければならない」
のように、緊急性のある場合は must を使っても問題ないのですが、「私、買い物に行かなきゃならないの」などのカジュアルな場面で、I must go shopping. と must を使うことはありません。

　カジュアルな行為で「〜ねばならない」と言うときは
I have to go shopping.「買い物に行かなきゃなりません」と、must よりも have to を使うほうが自然です。

　逆に I must prepare for my presentation tomorrow.
「明日のプレゼンテーションの準備をしなきゃならないの」

　こうしたシリアスなシチュエーションのときは、must を使う方が適しています。

　日本語では「ねばならない」と、ひとつしかない言葉ですが、英語では同じ意味の単語が must と have to のふたつあり、場面や状況、行為によって使い分けなければなりません。

付　録

ビジネスでよく使う略語

　ビジネス英語には、頻繁に使われる略語がたくさんあります。

　ビジネスで頻出する略語をP213〜214ページの表で示しますが、あくまで何の略語なのかを相手が理解していることが前提です。

　たとえば IBM（アイビーエム）や UFJ（ユーエフジェー）など略語のほうが知られており、通称として使われている場合は OK ですが、GS が Goldman Sachs（ゴールドマン・サックス）の略語だと誰もが知っているとは限りません。
業界や企業によっては通じない場合もあります。

　また、あまりにも略語を多用すると、相手とのコミュニケーションをぞんざいにしているような印象をもたれかねません。
使う頻度にも注意が必要です。

ビジネス略語集

和訳	略語	英語
早急に、至急、できるだけ早く	**ASAP**	As Soon As Possible
後で決定する・すべきこと、未定の状態	**TBD**	To Be Determined / To Be Decided
要確認	**TBC**	To Be Confirmed
ご参考まで、参考情報、ちなみに	**FYI**	For Your Information
～に関して *メールやビジネス文書で使用	**Re**	Regarding
外出中(オフィス不在)	**OOO**	Out Of Office
就業時間の終わり	**COB/EOD**	Close Of Business/ End Of Day
在宅勤務 *チームや部署内のみ。クライアントや知らせなくてよい相手には使わない	**WFH**	Work From Home
この一年	**YTD**	Year To Date
前年比	**YOY**	Year-Over-Year / Year-On-Year
過去1カ月間	**MTD**	Month To Date
日本時間	**JST**	Japan Standard Time
アメリカ・カナダの東部標準時	**EST**	Eastern Standard Time
アメリカ・カナダの太平洋標準時	**PST**	Pacific Standard Time
アメリカ・カナダの中部標準時	**CST**	Central Standard Time
残業	**OT**	Over Time

付 録

付　録

略語のカジュアルな表記

和訳	略語	英語
ところで、そういえば	**BTW**	By The Way
大爆笑 *日本語の(笑)や w に相当	**LOL**	Laugh Out Loud
問題ない	**NP**	No Problem
お知らせください	**LMK**	Let Me Know
なんてことだ	**OMG**	Oh My God
私は知らない	**IDK**	I Don't Know
別名、またの名は	**AKA**	Also Known As

頭文字の列記ではないが、よく使われる

和訳	略語	英語
注意	**Attn.**	Attention
～など	**etc.**	et cetera（ラテン語）
*How many ppl... 「*何人？」などに使う	**ppl**	people
お願い	**Pls**	Please
ありがとう	**Thx**	Thanks
～と	**w/**	with
～を除いて	**w/o**	without
～の間に	**b/w**	between
白黒（はっきりさせる）		black & white
冗談だよ	**jk, j/k**	joke/just kidding
番号	**no./no**	number
続き　*パワーポイントのスライドやレポートで、前のページからの続きの意味	**cont.**	continued

214

英語を話すときに気をつけたい
日本のビジネス用語

　カタカナの用語は元の英語を短縮したり省略していることがありますが、英語では通じない場合があるので気をつけましょう。

△アフターケア〔サービス〕→◎(user) support / customer service / customer help
　英語にafter care/ after serviceという言葉はありません。
△アポ→◎appointment
「会う約束」という意味は同じでも、英語では「アポ」では通じません。appointmentと言いましょう。
△アンケート→◎survey / questionnaire
　アンケートはフランス語の enquête が語源なので英語では通じません。
△イニシアティブ→◎initiative
「自発性」「独創力」「新たな取り組み」「構想」「戦略」「新計画」など幅広い意味がありますが、ビジネスでは自発的に率先して動くときに使われる言葉です。

付　録

215

付　録

△キャパ→◎ability/capability

日本人がよく使う人の能力や才能という意味なら、ability
や capability のほうが適切です。capacity もキャパとは
略さないので注意してください。

△クレーム→◎complaint

日本語で言うクレームの意味は、英語では complaint です。
claim「主張する」は動詞として使われます。

△コストダウン→◎cost reduction

cost down は話し言葉としても文法上も通用しません。

△タスク→◎task

「仕事」「役割」「課題」を意味し、英語でもほぼ同じ使われ方
をします。

△ノートパソコン→◎laptop / laptop PC

「パソコン」も略語なので英語では伝わりません。
laptopは「膝置き型の」という意味です。

△バッファー→◎buffer

何か（トラブルなど）に対して「緩衝となるもの」「保護機能
を果たすもの」「衝撃や刺激を和らげるもの」。
a buffer from「〜の保護」
buffer against「〜に対するバッファー」などのように使い
ます。

△ブレスト→◎brainstorm

「グループで意見やアイデアを出し合う」という意味は同じ
です。

△プレゼン→◎presentation

意味は同じですが、「プレゼン」という略語は通じません。

△ペンディング→◎pending

　英語も同じ意味で「保留、未決定、未解決であること」「決着のつかない状態」。

△マター→◎matter

　日本語で言う「これは○○さんマターですね」などという、誰が担当する仕事かを示す場合は、

　We would like to ask ○○ to take care of this matter.

　「この件は○○さんにお願いしたいです」と表現します。

△リスケ→◎reschedule

　「スケジュールを立て直す、調整する」の意味。略語では通じません。

△リストラ→◎staff reduction / downsizing / layoffs

　リストラの語源の restructure / restructuring は「再構築」「再編成」「構造改革」の意味で、「人員削減」の意味では使いません。

△リソース→◎resource

　本来の意味は「資源」や「資料（情報源）」などですが、ビジネス用語では「組織の人材、物、資金」などを指します。

なお、agenda「ミーティングで話す内容や議題をまとめたリスト」や、budget「予算」は日本語も英語も同じような意味で使います。

付　録

217

付　録

Political Correctness
ポリティカル・コレクトネス

　ポリティカル・コレクトネスとは、直訳すると「政治的妥当性」ですが、性別、宗教、年齢、人種、民族、職業、障がい、性的嗜好などに対する差別・偏見、そして屈辱的な表現を含まない公平な表現や言葉遣いのことを言います。それは言葉以外にも表れます。

　最近は多くの外資系企業が採用のときの履歴書に、性別を書く欄を省く傾向にあります。この傾向もポリテイカル・コレクトネスという側面から企業姿勢を示すものです。人権と平等を重んじる企業は、応募者の性別を前もって知る必要はない。採用の判断は、あくまで過去のキャリアと能力だけを基準にするべきとの判断です。

　欧米の企業は人種差別の問題にも敏感ですから、なかには応募時に写真を添付させない傾向にあります。

　いまでは俳優も女優もactorと共通の一語で呼ばれるようになりました。

　障がい者も、何かをもってないというネガティブな言い方でなく、"people with..."というように「人+with+形容詞」と、「人」がはじめに来る表現をしています。

　ただ、このような用語も差別用語も一定のルールがなく、ときと

ともに変化するので、つねにアップデートする必要があります。

ポリティカル・コレクトネスの重視により変化した英語

和訳	間違った表現	正しい表現
客室乗務員	× stewardess	◯ flight attendant
男女を問わずウエイター	× waitress	◯ waiter
営業担当	× salesman × saleswoman	◯ salesperson
会社員	× businessman × businesswoman	◯ businessperson
社長、経営者	× chairman	◯ chairperson
障がい者	× handicapped	◯ people with disabilities
視覚障がい者	× blind	◯ people who have visually impairments
聴覚障がい者	× deaf	◯ people who are hard of hearing

付　録

あなたの英語が
ワンランクUPするフレーズ

「よろしくお願いします」の代わりに使える表現

I look forward to working with you.
「お仕事でご一緒できるのを楽しみにしています」

I look forward to seeing you again.
「またお会いできるのを楽しみにしています」

I look forward to hearing from you.
「ご返事お待ちしています」

感謝の気持ちを伝える

Thank you for your help.
「ご協力ありがとうございました」

Thank you for your continued support.
「いつもサポートしていただきありがとうございます」

I appreciate your assistance with this project.
「このプロジェクトではお世話になりまして、ありがとうございました」

丁寧にお願いする

Would you please...?
「〜していただけますか？」
I would appreciate it if...
「〜していただけると嬉しいです」

It would be helpful if you could...
「〜していただけると助かります」

Would it be possible to ask you to...?
「〜していただくことは可能ですか？」

感じよく催促する

Could you please... at your earliest convenience?
「できるだけ早く〜していただけますでしょうか？」

This is a gentle reminder that...
「リマインダーを送らせていただきます」

角が立たないように断る

I'm afraid I'm not able to help.
「あいにくですが、お手伝いできません」

I'm sorry but I'm not able to help.
「申し訳ありませんが難しいです」

おわりに

　読者の皆様。お忙しいなか、数ある英語に関する書籍のなかから本書を手に取ってくださり、また最後まで読んでいただきありがとうございました。

　読まれてお気づきになったかもしれませんが、仕事で英語を話すときや、メールで用件を伝えるときのパターンやヒントを見つけることはできても「丁寧な英語」や「英語の敬語」に一定のルールはありません。

　I want you to reply to my email ASAP. が直接的過ぎて、幼稚で一方的に聞こえ、Would you please reply to my email at your earliest convenience? が丁寧に聞こえることは理解できても、決まったルールにもとづいたものではないので、応用するのがむずかしいと思われるかもしれません。

　でも、例を通して見えてきたパターンが、皆さんが日々のお仕事の中で見たり聞いたりする英語にも見られたら、それらを真似して実践していき、習慣化することが重要です。そして習慣化できたら、英語の「調整」具合が難なくわかるようになり、単語の組み合わせも、クッション言葉のフレーズもサッと出てくるようになるはずです。

　このような英語の使い方を学校で教わることはあまりないですし、私だけでなく、他の人も必要なのではないかと思い、この本を執筆いたしました。そして、常に英語の飛び交う環境にいるわけではない、丁寧なビジネス英語にアクセスする

機会があまりない方々にも、私の経験や学びが役に立つかもしれないと思いました。

　かつて私に業務だけでなく、メールを書くコツからミーティングで効果的に発言するヒントについても丁寧に教えていただき、仕事やコミュニケーションのロールモデルとなってくださったゴールドマン・サックスや、今の職場の方々には、深く感謝しています。

　「言語は生きている」というように、言葉遣いや意味合い、略語などは、日々、さまざまな面からアップデートされていきます。読者の皆さまも、英語のロールモデル（見本、お手本）となるような会話を聞いたり、英文を読んだりしながら、常にご自身の英語をアップデートしてください。

　この本があなたの英語を昨日よりも今日、今日よりも明日と磨くためのきっかけや、参考になるもののひとつになれたらと願っています。

　最後に、本書出版の機会をくださった宝島社の小野結理様には、お忙しいなかいつも熱意と温かみが伝わるご指導やサポートを、本当にありがとうございました。また、編集で細かな対応と仕上げをしてくださった二木由利子様にも、心より御礼申し上げます。そして、制作・出版に関わってくださった宝島社の皆さま、素敵なデザインをしてくださった井上新八様、ホワイトライングラフィックスの皆さま、皆さまのおかげでこの本を読者の方々にお届けすることができました。心より感謝しております。

2017 年12 月　吉日

マヤ・バーダマン

著者
マヤ・バーダマン（Maya Vardaman）
宮城県生まれ。上智大学比較文化学部卒業。
ハワイ大学留学後、秘書業を経てゴールドマン・サックスに勤務。
現在は別の外資系金融企業に勤める。
著書に『英語のお手本　そのままマネしたい「敬語」集』(朝日新聞出版)など。
https://www.jmvardaman.com/

品格のある英語は武器になる

2018年1月4日　第1刷発行

著　者 ──────── マヤ・バーダマン
発行人 ──────── 蓮見清一
発行所 ──────── 株式会社宝島社
　　　　　　　　　　〒102-8388 東京都千代田区一番町25番地
　　　　　　　　　　電話　編集:03-3239-0926
　　　　　　　　　　　　　　営業:03-3234-4621
　　　　　　　　　　http://tkj.jp
印刷・製本 ──────── サンケイ総合印刷株式会社

本書の無断転載・複製を禁じます。
乱丁・落丁本はお取り替えいたします。

©Maya Vardaman 2018
Printed in Japan
ISBN 978-4-8002-7854-8